# 謝謝好人，謝謝壞人！

晴易文坊

CONTENTS
# 目　錄

## PARTⅢ 智識，能開心就能開智慧！ 127

能沈澱就不會沈淪　有態度就會有高度
常思考就不怕失敗　能開心就能開智慧

CONTENTS

# 目錄

JCI ASPAC CONFERENCE XLIX
NOM PRESIDENT MEETING
BALI, JUNE 17, 1999
Bali 1999

TAIWAN

# 爲了青商會
# 繞著地球跑

副會頭？原來是世界青商會副主席！副會頭？原來是世界青商會副主席！副會頭？原來是世界青商會副主

# 副會頭？啥米碗糕？
# 哦，原來是世界青商會副主席啦！

# 青商會世界主席George<br>頒獎肯定

# 中華民國青商會，
## 50年第一個最年輕的女性總會長～～

# 一日青商・一世青商・永遠青商

# 我有一個夢，
# 想讓每一隻流浪狗
# 都變成寶貝「阿健」……

港都情．港都歌．唱不停．也想不停。港都情．港都歌．唱不停．也想不停。港都情．港都歌．唱不停．

# 家在港都，人在港都，
# 心在港都，愛在港都……

不唱．歌都港．情都港。停不想也．停不唱．歌都港．情都港。停不想也．停不唱．歌都港．情都港。停

# 人生不應該只是？
# 讓我們一起創造！

作者序

# 謝謝好人、謝謝壞人，謝謝老天爺！

在我從事服務人群這麼多年裏，踫到很多人問我，爲什麼我總是可以有這麼多的熱情？又爲什麼我總是能成功的幫自己、也幫別人解決那麼多困難？在很多人的眼裏看來，我似乎是萬能的，沒有什麼事難得倒我的，他們也很好奇，我的超能力是怎麼來的？此外，還有很多關心我的人，也常問到，我的生活如此地忙碌，怎麼好像都不生病似的？

我很高興，在二〇〇六年底，我有機會可以將自己的生活經驗化作妙錦囊，寫在這本書裏，回答大家的困惑。

在談到「愛」的章節裏，大家可以看到我的家人、朋友、師長、學生、伙伴和同事對我的意義重大，我對生命的熱情大都是緣自於他們對我的付出；在「財富」的章節裏，我提供了很多我處事成功的小撇步，希望大家也能運用的得心應手，爲自己打造一個豐富人生；至於，在這個「不進則退」的社會裏，如何隨時充實自我，保持最佳競爭狀態，我也在「知識」的章節中，與大家分享了我的學習方法；而，在「健康」的章節裏，我想告訴大家，健康是最根本的，我也還有提供一些保持青春活力的偏方，幫助大家能多關心自己和家人的身體健康與心理健康。

# 作者序

同時，我希望，這本有有點囉嗦卻又不太重的書，可以給現今的年輕人一些人生啓示。藉由這六萬多字的分享，我期望能幫助大家活的更出色。

將要四十歲的我，也要步入人生的另一個階段，在寫這本書的過程中，我回顧了自己的前半生，有很多心得，也難免會有「一切盡在不言中」的感嘆，只求這有點長又不會太長的分享，讓大家見證到一位女性政治人物的成長過程，其實是有點平凡但卻也是很辛苦的。

或許，不是每一個女性政治人物都和我有同樣的從政歷程，但我願意揭開這個神秘的面紗，讓大家看看，女性政治人物並沒有像古代的武則天或孝莊皇后，我的生活就和一般的家庭主婦、辦公室的女性職員一樣，日出而作，日落而息，工作的時間或許比較長一些，但是我的休閒生活也不外乎逛街、讀書進修、作臉和出國旅遊。

這本書除了像市面上琳瑯滿目的工具書一樣，教導讀者如何擁有一個成功的人生，我還用了我的親身經歷作爲說明的例子，主要是期望大家能瞭解，要運用書中提到的方法其實很簡單，我都做到了，相信你也能。

感謝在前半生一路相陪相隨的所有人，包括好人與壞人，我都由衷謝謝你們！

祝：大家都有個快意人生！

高雄市市議員　中華民國青商會 前總會長

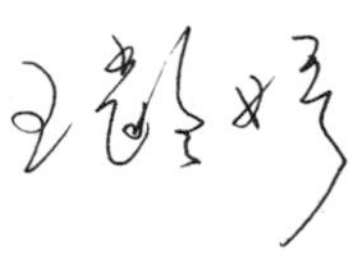

編者序

# 夢想，眞的都會實現！

人生，就像是自己爲自己端出的一道道料理。不管你會不會買菜、烹煮、調理，甚至佈置餐桌搞氣氛、收拾善後洗碗盤或餐後來點小甜點；不管你擅長的是台灣菜、江浙菜、上海菜，或是法國菜、墨西哥菜、義大利菜……，這一道道端出來的菜，就像是一本本跌跌撞撞的人生事件簿！

每一道菜未必都會合自己的口味，每一道菜也未必都會合同桌夥伴或家人的口味。微甜、微辣、微鹹、微苦；中甜、中辣、中鹹、中苦；重甜、重辣、重鹹、重苦……所有用酸甜苦辣拼湊出來的來來回回大餐桌，剛好是一幅人生起起伏伏的小縮圖。

在這個餐桌旁、縮圖裡，也許還會有笑聲、哭聲、音樂聲，或是兒孫、叔侄的吵鬧聲；但無論如何當每一道菜端上桌時，我們除了把飯菜香理所當然留住成記憶之外，還能剩下什麼？

很多人長越大，越不敢回憶！很多人長越大，也越不敢回味！

因爲挫折、因爲困難；唉，有時是因爲不堪回首。

所以，那些從孩提時期就開始建立的夢想，因爲不斷地遭遇挫折，而眞的折損了夢想之翼，於是年齡越大，我們就感覺距離夢想實現的日子越遠，越困難。

我們開始消極、開始逃避、開始找藉口來原諒自己，也開始心甘情願就讓自己只是在應付日子：從此之後，夢越來越小，端出來的菜，也越來越難以下嚥，不是忘了加佐料，就是忘了放調味料。

我也曾經是類似這樣的一個人，直到爲王齡嬌議員整理她所寫的文稿資料，才澈底改變了我的人

## Editor Note
# 編者序

生觀。

「小徐！夢想眞的都會實現喔！我不騙妳！」有一次採訪結束後她送我離開時，她告訴我這句話。

王議員斬釘截鐵且充滿自信的眼神，讓我體會到她對實現夢想的決心和執著。

在製作這本書的這段日子裡，這句彷彿是對我鼓勵的口頭禪，不時在耳邊縈繞，卻也出現得如此自然。

我這才知道，原來還有這麼一個人是這麼認眞地在活著。

每一分、每一秒，她對自己的每一個夢想竟然還如此的清晰並充滿信心。

從菜市場到商場，從商場再到議場，第一個最年輕青商總會女總會長、市議員、甚至未來要成立「GOGO流浪狗主題樂園」，她認眞地實現每一個夢想。

「夢想眞的都會實現。」這句平凡的口頭禪，讓我恍然大悟，其實對王議員來說，它不但是信心，更是信仰。

光是這項信仰，就值得很多人學習，包括我在內。

而堆積這項信仰達到堅毅不滅的基石，王議員則展現了四個基本元素：愛、財富、知識、健康。

我一直認爲：除了陽光、空氣、水，人生更不能缺少這四個元素。

愛、財富、知識、健康，王齡嬌堆積夢想信仰的四大元素，豈不正是我們創造微笑人生的妙錦囊，又何嘗不是我們料理人生的必備佐料或調味料？

夢想，眞的都會實現！我信。也希望您能相信。

企畫總監

林心笛序

# 從搖旗吶喊到搖筆桿！

夢想、理想，不是光用想的！

雖然人生有很多事，是你無法預料的；但人生也有更多事，是你自己可以掌握的。就看你是用想的，或是想完之後用心做出來的。

我曾經和高雄抗癌大使林依芳董事長一樣，遭受癌症（我是腦腫瘤）打擊，在自以爲生命最富有的時候，與死神擦身而過，當時也「想」了很多，唯一不敢想的是「死」。因爲不想死，那只好做了。而後終於慢慢走出生命幽谷，並因緣際會投入蔬菜養生事業（其實，我把它定義爲『善業』），並被讀者稱爲「蔬菜美人」！

「美人」，這個稱呼很窩心，但說實在話外表美不美對我並不重要，最重要的是身心靈的美，我是寧願和林依芳董事長一樣，在經過多年的著書演講之後，向她看齊，她被稱爲「抗癌大使」，而我則能被比喻成「蔬菜大使」，南北互相呼應爲國人的健康而努力，如此則心滿意足了。

在此之前，我並不認識王齡嬌小姐，說不認識，是因爲從來沒見面，定義很簡單，但不認識並不代表不知道；我就對那個電視上的「高雄小辣椒」深具印象，只要她出現在螢光

幕，總會忍不住打從心裡佩服這個人：她怎麼會有這麼多的創意啊！

同樣是女人，同樣在商場耕耘，同樣差不多的年紀（好啦，好啦～我承認我是癡長了幾歲啦！）王議員不但在商場上能發光發亮，躋身中華民國五十六年來第一個青商總會最年輕的女性總會長，甚至在政壇也真的做到了不讓鬚眉，並在競爭激烈的「下港」政壇占有一席之地；而讓我這個同樣是「下港人」出身的，最感到不可思議的則是王議員現在又搖身一變，變成作家了！

從商場轉戰政治圈的搖旗吶喊，以至於到文壇的搖筆桿，如果你仔仔細細觀察，你將會發現其中的過程會有多麼艱難，女人，天生難免的弱勢；女人，天生難免的受歧視，在在抵擋不住王議員的創意與執行力，王議員猶如一朵在夾縫中冒出頭的堅毅玫瑰，除了陽光、空氣、水，這朵玫瑰自然有它美的條件：愛、智識、財富、健康……

只要你認真「做」、甘願「受」，Just do it！你自然是最美、最帥的！

從搖旗吶喊到搖筆桿，光這個過程就足以證明：王齡嬌，永遠是最美的！

蔬菜大使

林心如

# PART 1

# 愛，

# 其實無所不在！

愛是關懷才會開懷　愛是磨練才會熟練
愛是瞭解就能諒解　愛是投入就能深入

# 愛，從做自己開始

愛，就在你心裡、手裡、眼裡，因為愛，無所不在。
而愛，做為一個動詞，其實很簡單，就從做自己開始。

愛，可以說得很簡單，也可以用千言萬語來描繪。

在談愛之前，我想先說兩個關於快樂的故事，一個故事的主角是男孩，另一個故事的主角是女孩。

話說有個知名企業的總經理，年紀輕輕、不到三十歲就當上總經理。論學識，他畢業於美國知名貴族學校；論交友，他身邊盡是社會金字塔頂端的人物。自從他離開校園踏出社會後，家裏總不乏達官顯貴來爲自家的閨女說媒，想當然爾的是，他所娶的嬌妻，不但是系出名門，面貌和才能也都堪稱一代佳人。

他的一生不僅不缺錢，更不缺關愛，總是被安排得妥妥當當、舒舒服服，就連他的婚姻也是如此，而這一切的一切全都是爲了繼承家業。

在看似令人稱羨的種種光環下，含著金湯匙長大的他卻常問自己：「我快樂嗎？我所擁有的一切眞的是我想要的嗎？」

相較於這個備受關愛的男孩，下個故事的主角，似乎就沒那麼幸運了。

她出身於一個勞工階層的家庭，自小除了三餐還能溫飽外，其他的也不能多作奢想了。唯一能令她感到快樂的是，她會畫畫，更可以作夢。她經常站在鏡子前，夢想著以後站在講台上侃侃而談的樣子；或望著鄰居，想像自己開公司當老闆；她也常看著窗外，夢想環遊世界；甚至還夢想過自己爲流浪狗建築一個無憂無慮無病無痛的新樂園……。

在她的一生中，除了拚命工作實現夢想外，她沒有富裕的物質生活，也沒有嫁入豪門當貴婦，可是她知道自己很快樂，因爲她所擁有的一切眞的是她想要的。

在我過去的幾十年生命裏，我曾看過無數個故事中的男孩，甚至也遇過一些像這男孩一般的女孩，可是在我的人生經驗裏卻很少遇到像第二個故事中的女孩。幸運的是，我自己就是其中一個。

愛是什麼？很多人都在問，也有很多人終其一生都在找答案，但是他們卻從沒想過：答案就在你心裡、手裡、眼裡，因爲愛，無所不在。

愛，做爲一個動詞，其實很簡單，就從做自己開始。

唯有能愛自己的人才有能力去愛別人。愛應該是雙向的，我給別人我的愛，也接受別人的愛。單向的愛並不完整，充其量只能叫作付出或接受。

做自己很簡單嗎？我說：「是的」。

但是，如果你在我面前大叫：「最好是啦！」我也不會感到意外，因爲你不會是第一個，當然也不會是唯一的那一個。

做自己眞的很簡單，但前提是，你得夠瞭解自己，更要有勇氣做自己，從自己出發去愛別人、也讓別人來愛自己。否則迷失自我的愛，都只是單向的愛。這種殘缺的愛其實是雙面刀刃，不單單會割傷自己，更會狠狠刺傷愛你的人。

剛剛故事中的女孩一生都很快樂，她後來實現她所有的夢想，用盡一切的力氣去愛別人，更毫不客氣的接受別人的愛。然而，她卻從沒有順著旁人的期望而結婚，甚至也從未去做一個世人眼光中的乖乖女，因爲她的愛，從自己吸收、再散發出去，已經形成善的循環，因此無所不在。

# 愛別人等於愛自己

愛，像一顆水晶球。

水晶球得一面吸收能量一面釋放能量；而我的水晶球總是不斷的先釋放能量，才能獲得別人源源不絕的補充能量。

你相信每個人心中都有顆水晶球嗎？每一個在心裏的水晶球都賦予我們不同的能量，你可以從人們的眼睛看到，也可以從人們的手中感受到，當然，更可以從人們的嘴裏聽到。

有的水晶球是需要吸收別人的能量，才能釋放自己的能量。有的水晶球則不需要，因爲它們本身就是能量源。不能否認的，我們也曾感受有些水晶球只能吸收別人的能量，而不會釋放能量。

其實，每個水晶球都有上述的三個歷程，只是出現在不同的時間點而已。當一個水晶球只能吸收能量，而不能釋放出能量，很可能是因爲它的能量源已經耗盡。而當一個水晶球的能量源很充足，甚至滿到無法吸收外來的能量，在某一個時間點裏，自然就得作散發能量的角色。大部份的情況下，水晶球都是處於交替作用的情況下的，既吸收別人的能量，也釋放自己的能量。

因此，隨時注意自己的水晶球狀態是很重要的。

我很清楚自己的水晶球能量是從付出中得來的，只要看到別人從我的付出裏得到心滿意足，而回我一個「感謝」的微笑，我就比他們感到更滿足了。

一直以來，我都很努力地賺錢、打拚事業，爲的就是想讓我的父母不再爲生活煩惱。從十六歲開始，我就出社會賺錢，從做兒童課外讀物的推銷員開始，到開設私人課後輔導班，無不是爲了想替我父母親完成買房子的心願。

到了我十八歲，拿著血汗錢和母親的私房錢，合力在我的母校——文藻外語學院，後面買了間房子。在入厝那天，看著他們開心的笑容，我就知道，我犧牲課後的玩樂，不和同學們吃吃喝喝、逛街看電影，而改去打工賺錢，晚上再挑燈讀書準備考試，這一切、一切的辛苦都是值得的。

爾後，更爲了減輕我爸媽對我哥哥和姊姊的擔憂，我想盡辦法要安排好他們的工作，開設了制服成衣公司給姊姊、清潔外包工作公司給哥哥，眼見哥哥因曾打工而受重傷，再加上個性太過老實，實在不適合商場上的遊戲規則，於是又爲他安排進入自來水公司擔任公職，讓哥哥可以過著輕鬆而無後顧之憂的生活。

爲我爸媽挑起照顧哥哥、姊姊的重擔，的確相當勞心，即便自己沒有結婚生子，但也能從中體會到爲人父母的辛苦。即便我這樣對兄姊的付出並不亞於我父母親，但我只要聽到我父母親說：「阿嬌眞孝順，都會幫我分憂解勞。」我的水晶球能量就又獲得補充了。

很多時候，我在不斷的付出的同時，也會遇到吸收不到合適能量的問題，這會令我感到很疲累，出國走走常常是我補充能量的方式。看看不同的景色，跟不同的人接觸，接受不同文化的刺激，都可以給我新的能量。而且，在一個我不熟悉的地方，而那個地方也沒有人認識我，我可以安心地做心靈沈澱，或大哭或大笑，都不用擔心會有人擔心我。

你知道這顆在心中的水晶球是什麼嗎？不是別的，正是「愛」。

# 因爲愛，所以承諾

愛，是一種承諾。

信守承諾是基本動作；如果你輕易打破承諾，你將會錯過愛的等待。

忘了從什麼時候開始，我很清楚，在我的生命裏，有些人一旦錯過了，會令我自己感到遺憾，所以會想給他們承諾。我心裡也很明白，時間從不停止流逝，世界也會不斷改變，承諾是一種愛的表現，而不是給自己的枷鎖。

承諾，是承擔責任的開始，同時也是我願意對我所愛的人發揮水晶球能力的時候。

我愛我的爸爸、媽媽和哥哥、姊姊，所以我願意承諾他們，想盡辦法、做最大努力給他們一個安定的生活。

一直以來，我都很謝謝老天爺，賜給我的媽媽、哥哥和姊姊健康的生活，讓我還有足夠的時間，實踐對他們的承諾。

可惜的是，我爸爸在我事業剛起步時，因爲長期食用檳榔的緣故，再加上他都是在晚上開計程車，累了就將車子停在路邊上、口含著檳榔不知不覺地入睡，久而久之，就罹患了舌根癌。

不論我多麼地想要看到他開心的笑容，又是多麼地加緊腳步和時間賽跑，最終我還是跑不贏死神。這麼多年以來，來不及讓我爸爸安享天年，一直是我心中忘不了的遺憾。

也就是因爲這樣一個遺憾，我將對父親的愛，轉化成我對事業和朋友的熱愛。

在青商會擔任幹部、爲會員們服務的期間，我很喜歡給我認識的青商會朋友溫馨的驚喜，他們每一個人的生日都在我的記事本上。如果我沒空閒寄卡片給他們，祝他們生日快樂，我也會儘量抓住忙碌與忙碌間的空檔，像是開車的時候啦，稍個電話給他們，爲他們獻上一首生日快樂歌。

有時候，他們會被我嚇到，還以爲我是暗戀他們的小情人，非常有趣。當他們認出我的時候，難免多少會有點失望，不過，我的祝福常令他們感到很窩心。有的還會開玩笑，怪我提醒他們又老一歲了。

除此之外，上台爲青商會會員演講，與大家分享我的工作經驗和學習心得，也是我給他們的承諾之一，所以我從未收過任何一場演講費，如果非不得已必須收下，我也會再捐回去，贊助該單位的活動費用。

還記得，曾經爲了履行承諾，我常花很多心思和時間，從報章雜誌裏收集資料、看一整天的錄影資料片，準備演講稿，然後在鏡子前面不斷練習、做預演；我也常自己一個人開一整天的車，從高雄到台東、北縣鶯歌等各地區的分會去演講，即便只是爲了一個小時的演講，我都覺得所有的付出都是値得的。

我對愛的承諾，也不是一直都這麼堅定的，曾幾何時，也遭受過挑戰。

從小，我看見父親一而再、再而三地爲朋友作保而遭跳票、朋友借錢也不還，因此，我就曾跟自己說過，非不得已絕不替人做擔保，也不輕易借錢給朋友。然而，人世間最不可能發生的，就是事事都能稱心如意。而且，越想避免發生的事情，就越有可能會發生。

有一次，在我競選議員的宣傳期間，有個青商會的好朋友向我開口借錢，那是一筆不小的款項，而且當時的我也很需要現金，看到他被錢逼得快要上梁山，又一再地保證一周內就會還錢，我要真不借他，應該會被自己的良心譴責到死吧！

一周後，不見他前來還錢。一個月後，我找他，找不到人。一年後，向其他朋友問起他的消息，也音訊全無。那時候，這筆錢對我自己已經不重要了，可是，我不得不承認，這位朋友就這樣消失，非常令我痛心。每每再想起，都會不禁懷疑自己對友情的信念。

所幸，四年後的某一天，他在我面前出現了，還了我四年前他向我借用的那筆錢。當時，我好感動，幾乎快要抱著他、跟他說謝謝。真的，我非常感謝他還記得這個承諾，讓我可以繼續無怨無悔地相信朋友。

「Giving your friend the benefit of doubt is what’s a friend for.」是美國人對朋友常說的一句話。主要意思是在說，朋友間的相處難免會有誤會，如果我們信任朋友，我們會在等朋友給我們合理的解釋前，先替朋友找好最好的理由。

我很高興，到目前爲止，我一直都很樂意給我的朋友們「the benefit of doubt」。

愛，對很多人來說，或許只是一種感覺的陳述，但對我而言，愛是有責任的，所以我願意許下承諾，更會不計一切去實踐自己的諾言。

# 謝謝生命中每一個過客

愛，像一本相簿：不翻開，它永遠不說話。
愛，像一列列車：哪一站下車、上車，你永遠不知道。

不知道你有沒有相本？那眞是一個很奇妙的東西。它不像書那麼有用，既不可以給你新資訊，也不能逗你哭哭笑笑；它也不像唱盤或錄影帶，可以安撫你的情緒，或陪你消磨時間。它總是靜靜地躺在某個角落，不是在書架上，就是在書櫃的抽屜裏。你沒想起它的時候，它是不會有任何聲音的，可是，一旦你想起它，所有有關你的故事，會在你翻開它的一刹那，滔滔不絕地迴盪在你的腦海裏。

這一天，跟平常沒什麼兩樣，時間不知道怎麼過的，看到服務處辦公室的燈隨著助理們一一離去而被關滅，才又意識到自己又忙到半夜了。乘著微微涼風，走在回家的路上，我看到了今夜的月圓，想起白天時的感動，往事竟然一幕幕地重現在眼前。

也是這樣一個月圓吧！我和多少人一起度過，其中有我的學校老師和同學、社團伙伴、乾爹和乾媽、青商會會員、公司同事，還有服務處助理和選民們。當我們在一起時，不是分享生活中的喜、怒、哀、樂，就是爲共同的目標努力奮鬥。

記得，還在唸小學的時候，班上有個同學叫廖秋香，也跟我家一樣窮苦，但我們都很認眞，也很喜歡畫畫。我們常一起讀書、相互勉勵，也常一起作畫，分享生活的點滴。看到別的小朋友，有爸爸媽媽供給他們很好的學習環境，說不羨慕是騙人的。幸好，有秋香陪伴我、支持我，所以我不自卑，也知道比起那些有錢去課輔的小朋友，自己認眞讀書後的成績並不會差到哪裏去。

當時，還有位老師看到我和秋香對美術非常有興趣，還免費邀我們跟其他小朋友一起去他家上課，雖然我們上了幾次課後，因爲沒像其他小朋友一樣有繳學費，而不好意思再去麻煩老師，但一直以來，我們都很感謝老師肯定我們的美術天份。

之後，一直到了唸文藻外語學院時，加入美術社，遇見了一位也喜歡畫山水畫的老師，願意免費教我，我也義務教他小孩英文，我們成爲好朋友，才又開始享受畫畫的樂趣，也有幸可以參加高雄市美術家聯展。只不過，一直以來，我都有經濟上的壓力，朝美術方面發展，恐怕無法解決當時我家所面臨的經濟上問題。不得已，只好強迫自己離開美術界，出國進修其他專長。

身爲一個議員，其實有許多樂趣，平常很少見面的朋友，在選舉宣傳期間，都會一一冒出來。在我努力拜票時，常常只要他們輕握我的手，一個熱情的擁抱，甚至只是打電話來說一句：「阿嬌，加油。」我就知道，當年的那份情誼和他們給我的支持從來沒有變質。

離家在外打拚過的人都知道，出門在外，靠的就是朋友。我在澳洲進修時，就有過非常深刻的體會。當時，我離開台灣的時候，才帶十萬元台幣，扣掉四萬元的學費，只剩六萬元作生活費，再扣掉每月五千元的房租，怎麼算都撐不了一年。

可是，天無絕人之路，我在參加教會活動時，認識了我的越南朋友和乾爹、乾媽。幸好，有他們慷慨提供我很多生活上的協助，包括經常幫我搬家到更便宜的住處、介紹打工機會，以及讓我搭便車去超市買日常生活用品與食物，甚至到後來，我乾爹、乾媽還包辦我的吃住。我乾爹、乾媽年事已高，我年輕力壯，分擔家務也是理所當然的事，雖然不是親生的，但身爲子女，也有義務不讓他們擔心，能盡早回家絕不在外閒逛。

想起那一年在澳洲的日子，生活中除了上課、打工教中文外，就是出門購物和上教堂，非常單純和悠閒。謝謝所我在澳洲的朋友們和乾爹、乾媽，因爲有他們，我才有這麼美好的回憶，也希望在他們生命裏的那一段三百多個日子裏，我有帶給他們歡笑和喜悅。

在生命中，還有一些人的出現並不一定是環境促成的，更多是來自於彼此對彼此性格上的吸引和欣賞。高雄市世界聯合防癌促進會理事長林依芳女士和我是在一個偶然的因緣際會下認識的，從結緣到現在也有些年了，除了在高雄市世界聯合防癌促進會籌備期間曾和林理事長有較多的聯繫之外，就一直都沒有機會再共事，也沒能長時間密切相處。可是，我們的個性非常接近，尤其是不輕易向命運低頭這點。

她從小和病魔對抗，卻從未屈服於身體給她折磨，仍然有今天的一番成就，就和我從不向貧困的生活環境認輸一樣。

我和她之間不需要太多的言語，就能感受到對方的想法和心情。即便，我們在不同的領域中發展專長，各有各的成就，但一直都在爲對方加油、打氣。

如果生命是一趟尋找終點的旅行，在旅途中我們必須搭乘許多不斷行駛的列車。我們或許會在某一個車站，遇到一些人志同道合的人，有幸可以和他們一起搭某班列車；也或許，我們和某些人只能在車站裏，有緣認識卻無份相處。

有時候，跟有緣有份的人可以搭同一台列車，一起享受沿途風光，但是當列車進駐到下一站，或許自己還不想要下車，身旁的旅客，也會有人下車。當然，也會還有其他旅人上車，繼續陪我們進行下一段的人生旅程。有時候，自己也會選擇在某一站下車，再換到另一班列車，但身旁的旅客卻不見得要繼續和我們隨行。

這就是人生，因爲有不同的人陪你度過每一個不同的生命歷程，所以生命才能這麼多彩多姿。

在到達生命的終站時，再翻開相本，又會是怎樣的心情呢？我想，我應該還是會像現在一樣，謝謝生命中的每一個過客，包括好人和壞人。

# 手牽手的力量

手牽手的力量並不是在掌握時的有形力道，而是在於每雙手所傳遞的友善、支持和信任。這正是為什麼團結的力量是無限的。

好久、好久以前，大概有一千三百五十九年那麼久吧，有個大戶人家的大家長在吃飯的時候，突然當著子孫們的面，拿起筷子，雙手一掰，他手上那雙筷子「啪」一聲、斷了。接著，他又要他兩個孔武有力的兒子，把擺在大家面前的筷子一雙、一雙地收集起來，要他們試著將那一把筷子掰斷。不論他們是各自使盡吃奶的力量，還是聯手各持那把筷子的一端、用四隻手努力掰，就是掰不斷那一把筷子。

大家長讓這兩個大力士試了一會兒，就要他們休息，問問還有沒有人想試的，還眞的有人自告奮勇，可是在給每個自願嚐試的人機會後，眼看著沒人有辦法掰斷那把筷子。大家長就那一把筷子拆回去一雙、一雙的樣子，再叫一個小朋友拿起其中一雙去試著掰斷，就如同先前大家長示範的那樣，喔？！出乎意料地，筷子一下就應聲而斷。

是這位年歲已高的大家長和小朋友有幸獲神助，所以他們的力氣比那兩位大力士還要大嗎？其實不然，而是當筷子集結成把時，比分散成一雙一雙時，更有抵抗力。

這實在是一個老掉牙的故事，我相信你曾經也聽過，這一整個寓言故事講半天，無非就是要說團結力量大。

團結爲什麼力量大？道理很簡單呀，小學老師都有教，因爲每個人的力量都是有限的，但團結在一起的時候，力量就可以變的無限大。可是要怎麼做才能團結在一起卻不吵架、甚至打架呢？

這個問題的學問就很大了，也不是老師三言兩語就可以說清楚的。不過要我講的話，就很簡單啦，就是「愛」囉！

這個可不是在說男歡女愛、談情說愛的「愛」喔！而是指，民胞物與的「愛」。很深奧嗎？好吧，就是像手足之情和魚水之間那樣，不是魚水之歡喔！是魚幫水、水幫魚。

曾經，我在學校社團和青商會就有過深深地體會過這種民胞物與的「愛」。當我還在讀文藻外語學院的時候，參加過救國團。十六、七歲的我雖然很需要賺錢，可也是個熱血青年呢！非常喜歡從事志工服務的活動。雖然當時個性還是很害羞內向，負責的大部份工作還是以美工爲主，但感受到伙伴的熱情久了，自己慢慢地也就敢表達自己，也學會如何與人溝通、互動。當然囉，我們一起合作舉辦的活動可都不是蓋的，都非常地成功順利，參加的團員都玩得很盡興又安全。

後來在青商會期間，會員們大部份都是對事業有衝勁的熱血青年，憑著對實現理想的熱情，大家都很願意分享彼此的經驗和資源，也都肯給彼此機會去展現才華。從擔任青商會的基層幹部開始，我就一直熱衷於演講，分享我的經驗和知識給大家。然而，一場好的演講不是只有靠演說者的逗、弄、說、唱，臺下的聽眾的表情和情緒配合，也是不可或缺的。

或許，我的演講可以帶給大家一些知性上的啓發，但我更感謝青商會會員的抬愛，我才能發現自己原來會演講，也才有機會享受台下聽眾掌聲的虛榮。眞的很謝謝諸位大德「沒棄嫌」啊！

其實，手牽手的力量並不是在掌握時的有形力道，而是在於每雙手所傳遞的友善、支持和信任，這正是爲什麼團結的力量是無限的。

# 手心的太陽

愛的本質沒有雜質，如果或多或少被摻雜了謊言和背叛，那麼唯一不會離你而去的就是父母親的愛。

如果愛被窄化成自私的，那麼天底下父母親的愛就是最無私的；愛的本質應該是沒有雜質的，如果或多或少被摻雜了謊言和背叛，那麼唯一不會離你而去的就是父母親的愛。

曾經，在我剛來到這世界的時候，我遇見了兩個人。在我一生中，他們陪伴了我好長一段日子。談起他們，成功者的條件，他們一項都沒有具備。在他們的生命裏，既沒有眾人的掌聲，更沒有值得媒體頌揚的豐功偉業，但他們卻是我手心的太陽。沒有他們，我永遠不會懂得手心的熱度原來可以這麼溫暖。

他們不是別人，是懷胎十月生我、再用盡所有力氣養育我的父母。

從小，我的父親因為自己為人海派而屢遭朋友欺騙，他努力工作所賺的錢，在貸款買了間房子後，就只能糊口而已。然而，命運卻沒有憐憫過他，連他唯一可以安身立命的房子也在替人作保之後而離他而去。

在我還沒來的及體會友誼的珍貴時，我不只一次看到了我父親對朋友的義氣如何被辜負，又看到他在落魄時，怎麼被他的兄弟姊妹視若無睹，甚至冷嘲熱諷。在這一切的謊言和背叛中，我不是不相信我父親和這些親朋好友之間沒有愛，而是我看到了，在愛的美麗外衣下，其實還有自私、背叛和謊言。

即使，我一次又一次看到我父親對友誼的純眞信念受到挑戰，連帶的，我也多少受了些影響，學會了防人之心不可無。但是，我卻從來沒有看到他放棄過摯愛的子女，無論這殘酷的世界令他多麼地無助，他總是毫無保留地對他的三個小寶貝表達他的愛。

我知道，無私的父愛一直沒離開過我，就算他已離開人世多年，但在我的記憶裏，甚至一直到今天，只要想起他，我的手心依然可以感受到那股溫暖。

背負著父親朋友的負債，我的母親，一個生平無大志、只能靠點手藝做小生意的女人，除了日復一日、從早做到晚之外，就只能在菜市場擺小攤子，賺點微薄的收入。個性憨厚木訥的她根本就不懂的和客人周旋，在如戰場般的菜市裏，她只求苟活，受盡所有的委屈，也不過只爲了讓她的小孩不餓肚子，可以像其他的小朋友一樣接受國民義務教育、健康快樂地長大。

曾經，在風雨交加的颱風天裏，在大家恨不得可以放個颱風假的時候，她仍不顧生命危險，去菜市場賣水果，只爲了多賺點錢，讓孩子安心的讀書。從她長滿繭的手心裏，我看見她對子女的愛。幸運的是，這份愛一直陪伴著我成長。

二十歲就出社會的我，早已嚐盡世間冷暖，當了民意代表，在面對眾多紛擾和虛實真假之後，我很高興，我還可以做一個女兒，一個可以向母親撒撒嬌，挨在她身旁取暖，補充我她手心中的溫度，讓我隨時都可以再出發。

# 我的愛只要你懂

愛得太多、再深，有時只是一種傷害。
對不起，自己要反省。愛不起，別人會反彈。

愛是需要學習的。眞正的愛如果沒有用適當的方式展現出來，愛再多、再深都只是一種傷害。就連父母親的愛也是如此。

如果愛只是一昧地、自以爲是地付出，而沒有去眞正瞭解對方的期望和需求，付出的越多，對方所感受到的壓力會更多。尤其是當對方也愛你的時候，他們做不到自私，就只能盡力去吸收你的愛，直到再也無法負荷。

我們常看到很多社會新聞報導有關，孩子受不了父母過多的期望而選擇自殺的情形發生。在社會大眾譴責這些孩子不懂事時，都忘了去思考，這些幼小靈魂也是很愛很愛他們的父母，只是他們再也愛不起了，才會選擇逃避，走上自殺這條路。

我們可以不去討論誰對誰錯，但我們不能否認，這些孩子和父母親之間都沒有學會用彼此能接受的方式去愛彼此。

愛是需要溝通的，溝通能增加對彼此的瞭解，而相愛的雙方才能給彼此眞正想要的和需要的東西。

愛，很多時候只是爲了分享，尤其是當孩子長大之後，他們會慢慢地不需要父母親再爲他們作什麼。甚至，勞煩父母親會形成孩子的另一種負擔。所以，在孩子的成長過程中，父母親也需要學習轉換角色。從一個只有付出的長者，慢慢地變成一個和孩子分享生活的朋友，或許，更能讓孩子感受到父母親的關心和支持。

是的，孩子在父母親的面前永遠是長不大的，不論，孩子多麼能自立自強，他們的事業又有多好。但是，如果父母親可以在適當的時候，肯定孩子的成熟，甚至以孩子爲傲，他們的掌聲駐留在孩子的心裡會比世上任何人的讚揚來得更歷久彌新。

在我開始將生活重心放在事業上之後，我已不再需要父母給我任何物質上的支援，但我很清楚，我所努力的一切都是爲讓我父母感到驕傲。當然，我也希望他們可以不再爲生活上的經濟問題苦惱。而且，他們能照顧好自己，就是令我安心最好的方式。

遺憾的是，我的父親早已不在人世，在我事業有成之後，只有我的母親能分享我的驕傲。事業雖然佔據了我生活中的大部份時間，但只要有空，我一定會讓我的母親感受到我的愛，即便只是一通短短的電話、幾句輕輕的問候。

現在，我雖然沒有爲人父母，但我很高興的是，我有機會可以爲民服務，用對子女的愛來關懷社會。

我從不吝惜分享自己作爲一個市議員的影響力，讓自己成爲政府和每個市民的媒介，透過對報章雜誌、電視廣播的運用，讓社會大眾知道這個社會需要什麼，也隨時注意我們的政府是否眞的作到滿足社會需求。

一直以來，我深信在民主社會裏，每個人都理性的，也都能作出理性的行動。但是，每個理性的個人是否能得到充份的資訊，就得仰賴自己對社會的關心和媒體的公平客觀。

不論是要吸引社會大眾的關心或是媒體的注意，都需要技巧。以我前陣子揭發高捷弊案爲例，我在議會扮演包公質詢官員，甚至恭請關聖帝君主持正義，在在都是希望，媒體能集結群眾的力量監督政府，讓政府可以聽到民眾的憤怒，放下私利，好好運用社會資源，爲人民作事。

在不同的角色裏，展現愛的方式是不一樣的。重點是，我們都需要用心學習正確的付出方式和眞心感受彼此的愛。

# 我的美麗只爲你

自信，是最有效的化妝品。
建立自信，展現美麗，只要多用一點心而已！

你是否曾經有過這樣的經驗？走在路上，漫無目的地讓眼神四處亂飄，一下看看右邊，好一個美女可以穿得如此有品味，一下看看左邊，眞是一個乾淨有氣質的帥哥，就在盡情陶醉於世間種種美麗的當下，好巧不巧正好對上另一對欣賞你的眼神，你不自覺的回以一個親切的笑容，雖然你和他都只是個擦身而過的路人，但你知道，這也是一種美麗的邂逅。

美麗的景點總是令人不自覺地想多留一會兒，美麗的人也總是令人不能自己地想多看一眼。

人，雖然是萬物之靈，可以超脫形體，做理性和心靈上的交流，但不能否認的一點是，人的感官隨時隨地都還是有其作用的。否則，我們不會夢想要白馬王子或白雪公主來做自己另一半，也不會有慾望想要吃美食、住舒服的房子、開好車子等等……。

當然，美麗也可以不這麼物質，但是相信我，美麗絕不是天生的，就連氣質美也是如此。試著想想，名模林志玲的氣質是生來就有的嗎？當然不是，如果她沒有用心訓練自己的儀態，她的舉手投足、一顰一笑不會令我們感到優美。

有句很老掉牙的話，「認眞的女人最美麗」，意思很簡單，就是一個不修邊幅的女生也要很認眞，才會令人覺得美麗。

我早已過了十八姑娘一朵花的年紀，但我仍然處在花樣年華，常聽到很多人讚美我的美麗。我相信，我的美麗是來自我對生活、對事業的認眞和自信。在每一次面對媒體、面對公眾，我總是在事前就作好功課，才敢呈現出最完美的自己。

小時候，我非常地害羞，只要在不熟的人面前，就無法感到自在。我會常常不知道兩隻手是放在前面還是後面好？更別說，要淘淘不絕地說出自己的看法，就連向老師表達簡單的需求都要支支唔唔、忸忸捏捏地，多虧老師很有耐心，也很有經驗，不然也別想知道我這個小孩到底在想什麼了。

在一次又一次的偶然中，我發現到自己的內向造成愛我的人跟我有相處上的困擾，於是慢慢地，我開始學會正確的表達自己的想法。之後，隨著一次又一次的成就感，我迷戀上了在人們面前侃侃而談的感覺。

在參加青商會的期間，從擔任區域會長到總會長，我把握每一次上台演講的機會，總是不吝惜打扮得漂漂亮亮，盡我所能地蒐集、整理資料，仔細地一次又一次在鏡子前面練習，爲的只是看到我鍾愛的聽眾臉上的笑容和滿意的笑聲。即使我不曾從我的演出中獲得任何金錢上的報酬，但看到我的聽眾被我的演說所感動，我就已經非常心滿意足了。

現在，我的青商會會籍雖然已屆滿，每天就是爲三家公司的員工生計和高雄市民忙碌著，但我從來不會忘記要給大家視覺上的舒適，有空的時候，我會去做做臉、替自己添加衣裝，期望的就是能聽到大家說：「阿嬌，你好美麗啊！」

不可諱言地，我很喜歡聽到大家讚美我的美麗，因爲我知道，我的美麗帶給他們快樂的感覺，也因爲如此，大家喜歡找我替他們服務。

# 就 愛看你笑

快樂，沒有年齡、階級的隔閡。
享受快樂很簡單，凡事FUN輕鬆，幽默一點。

「愛」最迷人的地方在哪裡？

其實很好找，就在於可以隨時隨地感受到快樂。你看到他會笑，你想到他也會笑，那就是「愛」囉！

你看啊，要享受愛的迷人，其實並不難嘛，只要去想就有了，這比到阿姆斯壯登陸月球還簡單呢！可是很多人就會找著、找著就迷失了，甚至以爲根本就沒有？

其實，這些迷路的人都忘了，享受「快樂」很簡單，只要用輕鬆的心情和幽默的方式去看待就好了。

趁還能講話時，開開自己玩笑又何妨？

我記得，當我在開家教班時，常被學生亂取綽號，一下被叫「老仔」（台語），最好是啦！當年我也還沒有二十歲，也不過才虛長這些國中生小毛頭幾歲而已，叫姊姊還差不多哩！不過，想想算了，他們有膽子這樣叫，就表示我們之間沒有不必要的距離。

不過呢，他們有時候膽子就是很大，還拿我的名字「王齡嬌」作文章，叫我「菱角王」，這麼有才華怎麼不用來寫作文啊！眞的是人小鬼大呢！

從這些小毛頭們沒大沒小的創意裏，其實不難發現，他們眞的很聰明，只可惜學校的制式教育抹殺了他們的天分。當時，有很多學生家長向我反映，他們的小孩會說：「我都聽不懂學校老師教的，可是，王老師講的都好簡單、好有趣喔！」

本來我是有機會去念師專的，後來考慮到研習外語對未來的出路比較廣，就選擇了文藻外語學院。雖然，我不像大部分老師那樣有接受過正規的訓練，可是我非常清楚，在一個心情愉快的情境中，學習效率會比較好，學生也比較會自動自發地去學習和思考。所以，我都會盡可能讓我的學生用幽默的方式去看待課業。自然而然，他們也能找到對自己最適合的讀書方法。

很多時候，光看學生的學業成績來評定他們的資質是不夠的。我曾經看過一份美國的研究報告顯示，大部份的社會中堅份子在學生時代，都不是名列前茅的優秀學生。而且，他們都非常熱愛課外活動。有一點特別值得注意的是，他們雖然沒有花很多時間在課業上，但都會讓自己成績保持在一定的水準。

在我長達八年的教學經驗裏，我曾碰過一些很乖、很聰明，心地也很善良的學生。在上課時，可以看得出來，他們很用心聽講，可是不知道爲什麼學業成績就是很不理想。究其原因，常常是他們放心思在很多生活上的困擾，而這些問題往往是環境造成的。

像是有個學生的家長用打罵的方式，要求孩子加強課業表現，這會讓孩子只要看到書或學校就心生恐懼，更別說要用輕鬆的心情來讀書了。在我幫忙改善他和家人的溝通方式後，他的學業很快地就有明顯的進步。後來，這個孩子跟著家人移民去了美國，每次他回來台灣來找我時，也還是不知天高地厚，一開口就是問我：「結婚沒？」猴死囝仔，去美國還是沒學會敬老尊賢。

當老師就是這樣，嘴巴唸著、唸著，但看到孩子快樂成長，有自己的一番成就，什麼八股教條都不重要啦！

# 沒有你，我過得更好

問世間情為何物，直教人生死相許。
天啊！這是元朝元好問的疑惑，都八百年了……該改改了吧！

望著這一年來密密麻麻的行程，眞好，明天我就要去旅行了，趁著整理行李的空檔來看個電視，讓腦袋休息一下吧！

盯著電視上一幕幕的情歌MTV，無不在訴說著：「問情爲何物，直教人生死相許」。嗯……又有歌手唱著、唱著就哭了，還搥牆壁耶！好感人喔，分手的痛眞的很磨人。敝人在下我也是有談過戀愛，還是慘遭劈腿而分手的，所以非常瞭解這種掐心肝的痛。可是，應該不用到「嘸伊哇埃細」（台語：沒有你我會死）吧！

失戀了，天會塌下來嗎？太陽就不見了嗎？還是，溫室效應會突然加劇，海水暴漲，然後把在地圖上只有芝麻點大的台灣給淹了？

我相信，你一定會說：「並不會！」很好，還會說：「不會」，就表示你還很清醒，有救。

生命中少某一塊，自然會再找一塊來填補，這是上天給我們的基本求生本能，不要輕易浪費了。記得，趁腦袋還有在運轉的時候，好好想一想「要找哪一塊去補已經失去的那一塊」。

想當初，我十幾、二十歲情竇初開的時候，總是被文質彬彬、白面書生型的男生所吸引。那個時候呀，只要我那專走氣質路線的男朋友送來一個深情款款的眼神，我心裏的小鹿總是給他亂跑亂跳又亂撞，什麼都嘛願意爲他做，結果，萬萬沒想到，相處到後來，有事情請他幫忙，還不如自己動手來比較有效率。而且，因爲愛他、心疼他，什麼都怕麻煩他，也可惹他不高興；連騎車載他，還被嫌說：「我太獨立了」。

好吧！這個既然這麼難相處，就分手吧！換一個總不會也這樣的吧！沒想到，這個萬人情聖給我腳踏兩條船，搞到另一個女孩哭哭啼啼、要死要活地來找我，嚇得我三天魂不守舍，不知道怎麼辦才好。到後來，我才搞清楚，又是我太獨立了，讓這位仁兄沒有當男人的存在價值，才會去上那位纖纖弱女子，滿足作一個護花使者的快感。

隨便啦！男人們，你們自己要弄清楚，喜歡怎樣的女生，身邊又需要哪種女生，這世界上本來就沒有十全十美的情人啊！不然，你們自己也得先要是十全十美的吧！被你們這樣惡搞，我到後來也沒心情再待在台灣了。倒不如出國去讀趟書，順便好好想想自己的人生方向，也省得一天到晚去想念他的白色外套和白色襪子。

想到當年這些曾經愛過的情人，心裏要說沒有遺憾和小小不平，也是安慰給別人看的。不過，看到新聞報導上的自己，再看看自己現在的成就，還眞要謝謝當初那個帥氣迷人的斯文男，感恩他劈腿，除了欺騙我的感情外，還連累另一個無辜的柔弱女子。要不是這樣，當初姑娘我也不會不爽到心一橫，甩頭就「乘著747飛到異鄉」去進修囉！順便開拓視野，也不會有今天的一切吧！

唉呀！晚間新聞結束了，也不早了，不想那麼多了，我該去睡囉，剩下的就明天再統統丟進行李吧！
明天的747，明天的行李箱，肯定不再有劈腿男的愛情回憶。

# 單身無害

我跟我的事業談戀愛，比跟男人談情說愛，還更有成就感，所以我單身。心甘情願、無怨無悔地單身。

「你有打算結婚沒？」朋友問。

「還沒。」我答。

「那也該談談戀愛吧？」朋友又勸。

「我是天天都在戀愛啊，除了跟自己談之外，我還跟我的員工、我的狗狗，還有所有的高雄市民熱戀呢！」我很認眞地回應。

朋友沒有得到她想要的答案，給了我一記白眼，即便我所說的都是眞的。

說著說著，不知道話題怎麼被帶到的，朋友又忍不住唸起：「到了適婚年齡還不想找個對象，不結婚也可以，但至少讓身邊有個伴嘛！否則，就要成了『單身公害』了。」

「『單身公害』，請給它定義兩番！」我不但吃驚地說，還瞪大眼睛看著她。心裏更是老大不高興地納悶著：這是什麼專有名詞，我在社會走跳、闖蕩那麼多年，什麼廢核料污染、汽機車排氣污染沒有親自處理到，至少也還有聽過，但是就沒有聽說過「單身」也是一種危害社會的污染。

朋友喝著咖啡，把我的驚訝放在一邊，不急不徐地說：「該結婚而不結婚，當然是公害啊！你想想，憑你這麼亮麗的外表、優秀的能力，還有很好的社會名聲，除了令女人羨慕外，當然也很吸引男人啊！你敢保證說，不曾有過已婚的男人或已有對象的男人對你有過好感，甚至追求過你嗎？對於這些男人身邊女人，你的單身難道不是一種威脅、不是一種污染嗎？」

看著她說著滿嘴自以為是的道理，我只有以一臉無辜來回應。

沒錯，曾經在青商會當總會長的期間，是有發生過某位女士在半夜打電話向我要老公的事。但是不論如何，我都會在適當時機，將自己的立場和想法表明清楚，也會做好妥善的安排。尤其是在那通電話之後，我就盡量將所有的會議在半夜十二點前結束，也向會員們表示：時間晚了，最好向家人報備一聲，好讓家人放心。

此外，我還常提醒我的會員，別為了青商會忘了自己的本業和家庭。青商會的確提供了很多機會讓會員們成長和學習，但在積極參與青商會活動時，也該記得生活需要平衡，不要在享受青商會的滋養之後，才發現到失去了生命中重要的人或事。

單身是不是公害？關鍵並不在於「單身」的狀態，而是個人心態。一個人就算身邊有伴了，甚至結婚了，也會危害別人啊！像搞外遇、不安於自己在婚姻裏的角色，應該都比單身更可怕吧？

說起剛剛那位朋友，她要這般的積極勸我也不是沒有原因的，我也知道，她也是被某位紳士努力拜託，再加上勤勞央求，才會對我的感情有這般的關心。只是我希望，我的好朋友呀，可以試著去瞭解，我目前單身，是我自己選擇的，而不是被選擇的。我選擇單身，不是我不需要愛情，而是我喜歡把對愛情的熱愛展現在我的事業上。

我跟我的事業談戀愛，比跟男人談情說愛，還更有成就感，所以我單身。心甘情願、無怨無悔地單身。

PART 2

# 財富的味道，不只銅臭！

如果財富有顏色，應該是五彩繽紛的；如果財富有味道，也應該不是銅臭的！加點創意、經驗、努力、人脈，你就能享受被錢追的樂趣！真的。

# 勇敢作夢

小時候我連看電視節目都得搭在客廳的窗戶，遙望鄰居家的電視機。要是運氣不好，看電視的最佳角度被鄰居的小搗蛋給擋住，也就只好看看天空、作作夢，想像以後自己會變怎樣。

不曉得你是否聽過這個故事。

有一個小女孩的叔叔，在她十歲生日的當天，送她一個看不見的禮物，但卻是她這一生都能用的到一個體會。

用過午餐後，小女孩高高興興地拆完大家的禮物，她如願收到了一個金髮洋娃娃可以陪她說話，是媽媽送的；爸爸則送她一個漂亮的大包包，可以用來裝她喜歡的書；還有一本她夢寐以求的恐龍百科全書，裏頭還有立體的恐龍圖案，是姑姑送的。

大家都很開心地一邊喝著香甜蜜茶、一邊分享小女孩拆生日禮物的喜悅，可是拆著、拆著，小女孩突然嘟起小嘴、一臉疑惑地看著她最愛、最愛的叔叔。

原來是沒有看到叔叔的禮物。

似乎，這一切都在叔叔的意料之中，小女孩看著叔叔一副泰然自若的樣子，緩緩地將茶杯放回桌上，將小女孩擁進他懷裏，他輕聲地跟小女孩說：「走，我們去對面的小樹林裏逛逛，順便去尋寶，找出你的生日禮物，好嗎？」

迎著夏日午後的微風，叔姪倆散步到小樹林外，叔叔緩緩蹲下來，對小女孩說：「我想請可愛、美麗、又聰明的小公主，幫我找出這座小樹林裏最迷人的石頭，來跟我交換生日禮物。記得，只能一顆喔！而且，要跟小公主一樣，是最美麗的。」

小女孩回以一個自信的微笑，就用雀躍的腳步走進森林，展開她的尋寶之旅。

這是一個乾淨涼爽的樹林，小女孩對這裏的一花一草並不陌生，畢竟她最愛的叔叔常帶她來這兒認識大自然裏的新朋友。可是，就唯獨石頭，她還沒有仔細正眼瞧過呢。

「哈！松鼠阿蒙家旁邊有個綠色發光的小石子。好漂亮啊！」小女孩驚嘆地拾起，握著小手心裏。

正要回頭走出小森林拿給叔叔時，小女孩在轉頭的瞬間，瞥見一顆紅色的透明玻璃石，這下可爲難了，小女孩看看手中的小綠石，不知道要選哪個好？

說時遲、那時快，小女孩正在懊惱時，麻雀小花叼來一個水藍色的心形石到她面前，啾啾啾地像是要小女孩接受牠的生日賀禮。

看著眼前的水藍心形石、小綠石、和紅玻璃石，小女孩的頭更大了。在她眼中，這三顆石頭都很美麗，可是，她卻不知道哪顆才是最美的？

趁著還拿得動，小女孩放棄選擇，決定先將這三個石頭全捧在手裏。

走著、走著，小女孩看到更多更美麗的石頭，手心裏的石頭也越拿越多，最後再也拿不動了。

眼看著天就快黑了，小女孩的心越來越慌，盯著滿手的美麗石頭，卻不知道要挑哪個好？最後，她拋掉所有手裏的石頭，哭著跑出小森林，跟她的叔叔說，她撿了好多顆漂亮的石頭，可是不知道哪顆才是最美的。

她的叔叔拍拍她的背，跟她說：「沒關係，我相信你已經盡力了。」等小女孩的情緒平穩後，叔叔又說：「如果你在進森林前，已經想好最美麗的石頭會是什麼模樣，我相信你一定會很快地就找到它。以後，你在挑學校、選主修、找男朋友，甚至是立訂人生方向時，要記得，如果你可以先想好明確的目標、再去行動，你就不會迷失了。」

小女孩擦乾眼淚，點點頭向叔叔表示她懂了。最後，叔叔從口袋裏掏出一條項鍊，上面鑲著一顆絢麗的玻璃珠，送給小女孩。

很不幸地，我聽到這個故事的時候，已經長大了，而且也早就開始朝著我的夢想邁進。

小時候，我可不像故事中的小女孩那麼幸運，有一個會啓發她人生思想的叔叔，也不像其他小朋友那樣，可以跟很多芭比娃娃玩，還有很多故事書可以看，我甚至連看個電視節目都得搭在客廳的窗戶，遙望鄰居家的電視機。要是運氣不好，看電視的最佳角度被鄰居的小搗蛋給擋住，也就只好看看天空、作作夢，想像以後自己會變怎樣。

我記得，在藍藍的天空中，我看到白雲裏，有我在眾人面前侃侃而談的身影和環遊世界的驚喜表情，還有我創業、開公司當女老闆的模樣。

生長在一個菜市場小販的家庭裏，我為了想要替父母分憂解勞，常常需要到菜市場去幫忙吆喝叫賣，更別說要求我爸媽提供很好的物質生活，幫助我完成自己的夢想。

隱約在我的印象中，我曾向媽媽說出自己在白雲裏看到的夢想，媽媽當我童言童語，只說了幾句祝福的話，要我自己好好加油。

在我的成長過程中，我從事過很多工作，賣過保險和大英百科全書，也當過期貨交易員和移民公司、貿易公司秘書，多方面地去試探自己的各種潛能，可是我從來沒忘記過，自己曾經在夢想的天空裏所畫下的人生藍圖。

後來，在我的創業過程中，發現到自己需要再加強管理方面的專業，選擇中山大學企管研究班繼續進修，因此和青商會會員有所接觸，而有機會加入青商會。或許，老天爺比較疼惜憨人，在一次又一次的偶然機會下，不是演講老師臨時缺席，就是報名參加演講比賽的人因故退場，逼得我不得不死馬當活馬醫，臨陣磨槍、硬著頭皮，拚著老命不睡覺，在很短的時間內，做好萬全準備，只爲了做一次完美的演出。

非常意外地，我實現了小時候當演說家的夢想。伴隨著一次又一次的挑戰和成就感，我開始膨脹最初的夢想，期望自己能當上青商會總會長。

在競選博愛分會理事時，因碰到性別歧視和大老文化而慘遭失敗落選。之後，我接受好友的邀請另創柴山分會，從基層開始做起，積極地爲會員服務，而後也選上分會的理事、副會長和會長。隨著資歷的累積，我的才能漸漸受到青商會會員的賞識，有幸擔任南二區的執行長、世界副主席，到最後成爲「國際青商會中華民國總會」最年輕的女性總會長。

在擔任世界副主席期間，我曾在一百零八天內，踏走了三十多個國家，其中以亞洲國家爲主，包括東南亞各國、韓國和日本等，代表中華民國，四處演講，分享台灣人創業成功的經驗和智慧。

無形中，我也完成了環遊世界的夢想。

到目前爲止，除了擔任高雄市市議員外，我還是三間公司的董事長，而這三間公司十多年來的營運狀況一直都非常良好，即便不需要我事必躬親。

現在，我的財產總值，當然比不上經營之神王永慶、科技之王比爾蓋茲和媒體大亨梅鐸。可是，我敢說自己很富有，因爲我有夢想的氣球，也相信自己可以讓每一個夢想的氣球升上藍藍的天。

## 信心是夢想的推手

每個人都有一座牢房，有形的叫「監獄」，無形的叫「心牢」。在漆黑之中摸索，每次的選擇、每條夢想之路，能照亮前方的唯有信心。

平常我雖然很忙碌，幾乎沒有時間親自整理每天如雪片般飛來的電子信件，但是我一直都有一個習慣，會將親朋好友轉寄的小故事和笑話，好好地收藏在一個專屬的資料夾，叫「分享」。

這一天下午，我突然心血來潮，打開了這個裝滿「分享」的資料夾，第一篇映入眼簾的是一個關於囚犯的故事。

有五個被判無期徒刑的囚犯，平時在牢獄裏的表現都很好，典獄長想要網開一面，放他們自由，讓他們能提早假釋出獄。可是，礙於法律程序的繁瑣程序，所以有一天他突發奇想，就要求數名獄警，將他們關在另一間牢房裏。

那間牢房是經過特別設計的，最上頭有一個三百六十度的觀景窗，獄警可以無死角地監看囚犯。在牢房的角落，有一個深不可測的隧道坑洞，人必須要彎下腰、跪著爬行，才能進得去。除了典獄長外，整個監獄沒有人知道，這個伸手不見五指的隧道坑洞，其實是個通往自由之路的通道。

在這五個囚犯被關進那間特別的牢房之後的幾天，他們陸續地發現到有個離奇的隧道坑洞。想當然爾，他們一定會討論這個漆黑的隧道坑洞有多長、進去隧道裏會不會有危險、這個隧道有沒有另一個出口、而另一個出口處會是怎樣的一個地方……等問題。

這五個囚犯裏，各有各的看法。有的人說，這只是一個障眼法，典獄長想用這個隧道坑洞，來測試他們是否有逃獄的念頭，只要獄警在上面看到有人進去那裏，就會馬上進來抓人，並且會在他們身上多安上一條逃獄的罪名，到時候，別說想要假釋出獄，連被判死刑都有絕大的可能。

另一個人伸頭進去探一探隧道的深度，搖搖頭說：「這個隧道深不見底，說不定根本就沒有出口，真要爬進去找出路，搞不好還沒爬到底，就會餓死在洞裏。我寧可在這被關一輩子，也不要去冒任何險。」

第三個囚犯也表示自己不願意爬進去這個隧道，主要是因爲他考量到，萬一隧道的出口是山崖，那麼一爬出去不就會摔死了。第四個囚犯的想法跟第一個很像，他認爲隧道的另一端搞不好出去就是典獄長辦公室，說不定才一探出隧道口，就正好被典獄長逮個正著，所以他也不願意去嚐試。

看著四個囚犯顧慮的雖然不一樣，但他們的口徑滿一致地不贊同，而且聽起來好像都很有道理，第五個囚犯也不知道要說什麼好，就自告奮勇，只說了一句：「不然，我爬進去看看好了。」

在其他四人目瞪口呆之下，第五個囚犯看一下上方的監視窗，就彎下腰跪著爬了進去隧道裏。

像是很久都沒人經過這個隧道似的，裏頭有蜘蛛絲和灰塵，對囚犯五來說，除了小了點和沒有一絲燈光之外，其實還算滿乾爽的，此外他並不覺得有什麼好怕的。

也不曉得爬了多久，他開始覺得餓了，心裏也在納悶這隧道是否眞的沒有出口？又一個念頭閃過去，他跟自己說：「都已經爬到這裡了，再爬下去看看好了。」

於是，他又繼續前進。過沒多久，也不確定是否自己眼花，他好像看到前方有一個小白點，再往前爬，他看到那個白點越來越大，也越來越刺眼。不一會兒，他很確定那就是隧道的出口了。在出口處，他看到自己身處在一座學校的後山，只要越過這座學校，就是熱鬧的小鎭了。

沒錯，他出獄了，擁有了他夢想中的自由。

其實，典獄長在特製牢房上頭的監視窗看得一清二楚，他知道那個什麼意見都沒表示的囚犯五是個對自己直覺很有自信的人，所以才會二話不說，去冒險尋找渴望已久的自由。

看完這封電子信件，我確實深感心有戚戚焉。

從我開始朝自己的夢想邁進時，我就跟自己說：「不要想太多，做就對了，而且要做就要做到最好。」

想當初在剛開始創業時，只要能標到政府委外案，不管電信局和台電的配電箱或交接箱有多遠，我和我哥哥都願意承接。有一次，我拿到一個標案，必須到南投溪頭的山區，當時剛好遇到雨季，我和我哥哥在山路上彩繪電信局的交接箱，已經要特別小心了，碰到下雨天，還得要時時注意山裏的落石。可能是我的心態有變老了，現在回想起來，覺得那時候的自己膽子眞是有夠大的。

碰到問題時，我總是只問自己：有沒有信心去做到最好？如果發生意外狀況，自己能不能去承擔風險，而不連累別人？相對來說，我反而從來沒有去想過，這中間的挑戰對別人而言，很可能就有如登天一般。

或許是因爲初生之犢不畏虎吧！所以，我才可以往青商會總會長之路，向前不斷邁進。在競選世界副主席期間，同門師父突然過世，一時之間群龍無首，眼看著局勢那麼亂，同門師兄沒有人敢出來參選。當時，我只單純地跟自己說：「這樣不行。」也就不管那麼多，跳出來跟許多其他分會的資深會員，一較高下。

一九九九年，我有幸當選青商會世界副主席，到許多不同的國家作巡迴演講。印象中，到了青商會會員爲世界第二多的日本演講時，曾因爲自己是女性的關係，而被許多日本的男性會員低估，可是那又怎麼樣呢？我可是有備而來的，除了豐富的演講內容外，我還做英、日語雙語演講，完全展現自己的實力與能力。

不管在這社會上是否眞的有男性霸權主義存在，重要的是，對自己要有信心。如果，人家要一開始就看得起我，那是他給我的機會；假使，人家要一開始就看不起我，那麼我就替自己創造機會。

想一想，如果電子信件中的第五個囚犯也像其他四個囚犯一樣，一開始就提出「否定」的答案，那麼他當然就不可能穿過那個未知的隧道，而重獲自由。

人在追求夢想的過程，就像在穿越一個伸手不見五指的漆黑隧道，這中間或許會碰到挫折，對自己也會有懷疑，但只要充滿信心地走下去，一定可以看到蔚藍的天空正等著我們去盡情翱翔。

# 成功在不知不覺之間

你曾有過夢想嗎？一定會有！你實現了多少夢想？一定不多！為自己做一幅「夢想板」吧！掛起來，不用膜拜，但要努力激發潛意識，它將會讓你體驗到它的神奇功能。

仔細想想，我也不知道自己怎麼成功的。看看現在所實現的夢想，再想想最初又是怎麼在編織夢想，只有感到眞的蠻不可思議的。

我也不是說，自己從未流過一滴汗、付出過一絲心血，成功就自動送上門來給我。而是在努力的過程中，我只有想到要做到最好，但並沒有想過，一定非要完成自己的夢想不可。神奇的是，我的夢想就在不知不覺中實現了。

在我十七、八歲的時候，我曾經讀過一本書《心想事成》，是有關於潛意識激發的心理學研究。書裏頭提到，許多潛意識對人的影響都是無聲無息、無影無掮的，而且它會將生活中人們沒注意過的細節一一地反饋在行爲上。書裏最後也建議，人如果想要成功，可以做一個夢想板，掛在一個隨時都能看見的地方，將夢想有關的照片和文字，釘在板上。如想擁有一台賓士，就放賓士的照片。這本書有個不錯的地方就是，作者有提供眞實案例，佐證他的說法。例如，有個人將海邊一幢別墅的照片，掛在牆上的夢想板上，驚奇的是，五年後，他實現了自己的夢想，眞的買到了照片中的那幢別墅。

說起來也很有趣，受了這本書的影響，當時我也替自己做了一個夢想板，不但將自己小時候曾做過的夢想，像是漫遊世界、當老闆賺大錢、作一個演說家等念頭，全付諸於文字、釘在夢想板上。後來我一直都保留著這個夢想板，還將成長過程中陸陸續續做的大小夢想，如加入青商會、當上總會長、選市議員和替流浪狗建造一個樂園等，化作圖片和文字，放在夢想板上。

我到現在還單身，很可能就是因爲一直以來我都忘了要在上面加註一顆「請賜給我一個白馬王子吧！」的夢想氣球。

到目前爲止，在我夢想板上的所有夢想氣球，大都已經實現了，只剩下還沒有替流浪狗建造一個樂園。不過，目前我也正在著手進行給流浪狗一個家——「卡哇伊World・GOGO愛心園區」、「GOGO再造生命計劃」和「GOGO守護犬計畫」等計畫，讓流浪狗不再流落街頭、輪落成車下亡魂、或是遭人任意虐待宰殺，進而幫助流浪狗不只是陪伴人類的寵物，更成爲我們生活中的最佳幫手。

「卡哇伊World・GOGO愛心園區」計畫，就是我去英國考察後的心得。在英國有個流浪狗主題樂園，專門替流浪狗做教育訓練，讓牠們可以表演特技，和園區內的大朋友、小朋友一起同樂，完全發揮「狗狗是人類最忠實的朋友」的天性。

「GOGO再造生命計畫」和「GOGO守護犬計畫」也是利用「狗狗是人類最忠實的朋友」的天性，讓流浪狗成爲社區和校園的守護犬與導盲犬。流浪狗也能陪伴監獄裏的受刑人，用狗狗純淨善良的心靈，淨化受刑人不安定的負面能量。

倘若，要我去解釋這種潛意識激發的現象，我認爲夢想板有助於建構我們的潛意識，在無形中，這樣的建構會幫助我們去隨時留意實現夢想的機會，就算我們不曾刻意去提醒自己，我們也會不知不覺地多去接觸跟自己夢想有關的訊息和環境。

我回國後，在一個因緣際會裏，認識了青商會前會長，由於當時他給我很好的印象，因此心裏認定青商會是個很高尚的組織，但一開始我不得其門而入，一直到了去中山大學進修企業管理後，結識了幾位青商會的會員，承蒙三位前輩的推薦，才有幸入會。之後，因為一些突發狀況，我不得不接受臨危授命而登台演講，於是繼課輔老師之後，我又展開了十多年的演講生涯。從到台灣各分會作演講，到後來環遊世界到各國去登台演講，最後受到青商會世界總部的肯定，參加中華民國總會長的競選，也順利地打敗競爭對手，當選總會長。後來，延續對服務群眾的熱情，我又擔任高雄市市議員。

這一切的一切，看起來就像是人活著就是會呼吸一般地順理成章，或許是在嚐到了成功的甜美而忘了這中間的辛苦，所以才會覺得成功的到來是如此不知不覺。不過，我必須承認，夢想板的潛意識訓練眞的很有用。

## 創意＋計畫＋行動＝成功

任何一個成功絕不可能是偶然的。

創意只是開始，還要搭配縝密的計畫和確實的行動，才會有完美的、百分之百的成功。

天下沒有白吃的午餐，床底下沒事也不會自己冒出錢來，成功更不會光靠腦筋隨便想一想，自己就會蹦出來。

不過，假使有人沒事會請你吃午餐，你要記得謝謝請客的人，怎麼樣那也算是功德一件。如果，你的床底下真的沒事有錢會冒出來，小心嘟丟鬼（台語，碰到鬼）喔！要不然，也麻煩來通知我一聲，給我的流浪狗一個家——「卡哇伊World．GOGO愛心園區」的計畫正需要諸位大德的贊助呢。

倘若，你也和我一樣相信，成功的獲得與財富的累積不是三言兩語、一下兩下就可以辦到的，那麼我們就可以好好聊聊啦！看看怎麼做才會成功？

來，我們一起算一算台灣的新聞頻道有幾個台？台灣各縣市全部加起來又有多少個政治人物？我一個弱女子，我的名字又叫「阿嬌」，俗到在菜市場隨便叫都有人舉手，憑什麼可以說想被採訪就能上電視新聞？

是我運氣好嗎？還是，我長得有比別人漂亮？

其實都不對。關鍵在於，我肯發揮創意，也研究過瞭解新聞媒體，懂得用心把議題包裝成記者能用得畫面，適時地吸引他們的注意，再加上縝密的計劃和精準確實的執行，才能如願地在電視新聞上爲民眾表達他們的心聲。

在揭發高雄市捷運建設（簡稱：高捷）弊案的時候，我不只像其他議員，拉布條在市議會大聲叫囂，我還去借道具，將自己打扮成包公，開記者會說明高捷弊案的發生經過。如此一來，不僅讓新聞媒體注意到，電視機前的觀眾和報章雜誌的讀者也都有興趣去關心，甚至願意花時間去檢視，我們的政府是否謹慎的使用我們老百姓的血汗錢，我們所繳的稅是否有任何一塊錢被官員中飽私囊。

後來，看到涉入的官員個個都在耍賴，不願意正面回應市議員們的質詢，淨找一些不是理由的理由去搪塞民眾的疑惑，搞得人心惶惶。爲了安定民心，我只好請神明關聖帝君來主持公道。

恭請神明來主持人間的公道，尤其是帶有浩然正氣的關聖帝君，一定得非常小心的計劃，不然一個不小心褻瀆到神明，落得人神共憤，可不是鬧著玩的。

當時，我請的是高雄武廟的關聖帝君，在正式恭請之前，不但和廟祝仔細研究並確認每個細節，參與的人還得必須隨時懷著虔誠恭敬的心情，特別是敬神的香一定要維持著不能中斷。幸好，當時神明眞的有保祐，半夜只要香快熄了，我就會自動醒來，再點燃一柱香。

之後，爲了讓高捷弊案的涉入官員有不言自明的機會，我請各大新聞媒體和與高捷建設相關的官員來關聖帝君面前澄清發誓。後來，只要有來跟關聖帝君參拜發誓的政府官員，法律也都還給他們一個清白。

動用神明的力量來彰顯人民有「知的權力」，在中華民國的政壇上，我應該算是史上第一人吧！

打鐵要趁熱，乘勝要追擊。

揭發弊案如果只是大聲喊一喊而已，不要說新聞媒體會覺得我在作秀，就連支持我的選民也會看不起我沒行動力吧。

爲了維持社會大眾對高捷弊案的高度關心，在議會質詢的時候，我還拿著花瓶要求高雄市代理市長葉菊蘭女士，拿出她多年從政的專業，勇敢面對大家的質疑，詳細交代整個案情的細節，不要爲了平息爭議，一直講一些似是而非的言論，更不要靠著女性從政的保護傘，眞的就只當一個只有菊花、蘭花、再襯著一些綠葉的花瓶。

這樣的作法確實有引起新聞媒體的注意，只不過後來卻被有些人斷章取義，扭曲成我譏諷葉菊蘭女士爲花瓶，而引起不必要的誤會。

如果十八世紀是人類思想蓬勃發展的時代，十九世紀和二十世紀是人類將其偉大思想具體發展成工具的年代，那麼二十一世紀就是一個將人類思想廣爲傳播的時代。

這也就是爲什麼大家都在暢談創意的原因。可是，當今的年青人在盡情揮灑創意的時候，常忘了要去瞭解大環境的條件，而去做出適時、適地、適人的計畫，他們甚至也不太願意付出行動力，精準地執行計畫。

記得，任何一個成功絕不可能是偶然的。創意只是開始，還要搭配縝密的計劃和確實的行動，才會有完美的、百分之百的成功。

# 習慣造就成功

你是習慣「這樣就好」？還是「這樣會更好」？只差一、二個字，結果是會差很多的，因為一個會讓你習慣失敗，另一個則會讓你習慣成功。

是什麼時候我們開始習慣「這樣就好」？又是什麼原因讓我們嘴邊總是掛著「這樣就可以了」？

仔細想想，有可能是忙碌的都市生活所造成的，更有可能是爲了讓自己鬆口氣的一種方法。

注意喔！當你在說「這樣就好」的時候，是在對自己說？還是在對別人說？是在事成之前說？還是在事成之後說？

在不同的時間點、跟不同的人說，所代表的意義不同，所造就的習慣也會不一樣，當然成功與否也就差之毫釐、失之千里。

如果你是在事情結束後跟自己說「這樣就好」，是為了不再自責，而去接受既成的事實，那麼這樣做是很健康的。但是，倘若你是在事成之前說，就得注意自己是否在得過且過了。

通常，在任務或工作結束之前，有事沒事就把「這樣就好」掛在嘴邊，隨著時間的流轉，最後的結果當然也會老大不客氣地給你「這樣就好」。相信我，除非你平常就有常去廟裏拜拜，要不就是你跟上帝的交情特別好，否則「這樣更好」的奇蹟是不會輕易發生的。

對自己誠實是一個很重要的好習慣。隨時承認不舒服的感覺，可以幫助檢視自己是否有不好的習慣。

如果，「這樣就好」的結果不但不能帶給你舒服和輕鬆的感受，而且還帶來挫折和沮喪，即便是只有一點點的不舒服，我還是建議你，在做事之前或在處理事情的時候，別再輕易地跟自己說：「這樣就好。」

不管在什麼時間點，「這樣就好」這句話與其對自己說，倒不如對別人說，會來的更理想。

我經常會看到，我的員工和助理拚了老命、抓破頭想盡辦法期望做得更好，反而卻畫地自限，讓自己的才能施展不開來，這時，我會跟他們說：「這樣就好。」主要是想讓他們放輕鬆、很安心地去做就對了。如我預期的，他們的表現經常會是「這樣更好」。

除此之外，碎碎唸也是我們常踫到的一個習慣。

我身旁有些人，包括我自己以前也有這習慣，老愛邊做事、邊碎碎唸。如果你問我「到底在唸什麼？」其實自己也不知道，就一個嘴巴沒事在那裏動而已。假如，你又問我：「作這件事有這麼痛苦嗎？怎麼一直在抱怨？」坦白跟你說，也不會，只是好像不唸就做不下去。

說眞的，沒人跟我反應，我還不知道，原來自己的碎碎唸會影響到旁人的工作情緒。爲了保持大家的工作心情愉快，我後來也改了這個毛病。

大哲學家雨果曾經說過：「可憐的人沒有流淚的權利。」我也想來說一句：「做不好的人沒有怨天尤人的權利。」希望喜歡抱怨的人可以明白一件事，在碎啐唸的時候，其實是很虐待別人的耳朵！可不可以請喜歡碎碎唸的人在動嘴的時候，也順便動動腦去想一想，接下來要怎麼改進會更好？

要改掉碎碎唸的毛病，其實很簡單，只要學會隨時調整習慣就好。

我後來是發現到，自己習慣用碎碎唸的方式來宣洩不舒服的情緒，而不舒服的情緒通常是來自於「不習慣」。

「不習慣」的發生其實很常見，最常發生在環境和身份的轉換的時候。

我曾經到澳洲、美國、英國留學進修過，面對西方文化的直率和人與人之間的去階級化現象，剛開始我眞的非常不習慣，尤其是看到西方小孩直呼老師的大名，我也會用自己原有的東方文化價值觀去評斷，嫌西方人不懂禮節。可是，人家本來就是這個樣子啊！自己很客氣地跟別人相處，反而顯得有些虛情假意呢。

怎麼辦呢？也不能改變別人啊！我就慢慢地試著學會欣賞西方人待人以誠的直率，然後也讓他們瞭解我們的文化習慣，避免因爲不瞭解而造成不必要的誤會。和他們相處到後來，自然也就習慣了西方文化，不會覺得有什麼不舒服，當然也就沒有再碎碎唸啦！

回台灣之後，我在商場縱橫多年，也在青商會一直努力當上總會長，直到近幾年，我轉換身分到做一個市議員，這中間也曾有過一段不適應。不過，幸好我出社會那麼多年，不是有混假的，已經不會抱怨啦！

原本我在當老闆經營公司和擔任總會長的時候，除了要將心思處理好大大小小的各種問題之外，還要隨時都要注意自己的談吐舉止是否優雅。可是到後來，當了高雄市市議員，成了人民的發聲筒，要再繼續維護自己的優雅，似乎會造成自己和選民間的距離感。

碰到這樣的差距，是要怪社會大眾沒有教養嗎？當然不是。其實，要反過來回頭看看自己，好像太ㄍㄧㄥ了。讓別人叫我「阿嬌」，多親切啊！相反地，聽到有人叫我「王女士」，還會令我想回他一句：「幹嘛？我還沒那麼老吧！」是囉！我是有點年紀啦，可是我還是很有活力的想跟大家過每一天，所以請各位沒事不要給我尊稱，叫我「阿嬌」就好了。最好也不要加什麼「姊」、「姨」啊！讓我覺得跟大家一樣少年（台語）一下囉，甘溫（台語感恩）啊！

活在這個世上也有四十年了，最大的感觸就是，金山銀山眞的比不上一個好習慣，而一個好習慣雖然不見得可以帶來花不完的金銀財寶，但是對一個健康的生活品質絕對有幫助。

# 失 去反而要偷笑

真正的弱者，在面臨失敗後，會一蹶不振；真正的強者，在碰到挫折後，會更加勇往直前。

一無所有的人，才是最有資格去爲夢想冒險的。因爲他們不曾擁有，也無從失去，自然就去不怕失去的痛苦。他們唯一能做的，就是不斷向前衝，盡力去實現他們的夢想。從市場小販階層出身的我，曾經就是義無反顧地追求自己的夢想。

然而，失去眞的是件可怕的事嗎？會可怕到讓人無法承受而走路嗎？

或許是吧？不然，我們也不會看到社會新聞經常報導，有人因爲經商不善而倒閉，最後選擇舉家自殺，或是有越來越多的人償還不起信用卡債款，也走向自殺的路。

不過，這些碰到困難就放棄的人，很顯然地，平常都沒有閱讀或欣賞偉人傳記的習慣。

綜觀所有因實現夢想而偉大的人，大都不是出身時就一無所有，要不就是在擁有過後，遭受到很大的打擊，退回原點還不打緊，他們很多時候還負債。國內前兩年才過世的英業達集團副董事長溫世仁先生就是個很好的例子。

溫世仁的出身，可以說是一個與科技完全脫節的農村，但他在就讀於台大電機系的時候，跟廣達集團總裁林百里先生一起設計出台灣的第一台電腦，而榮獲蔣經國先生所頒發的第一屆青年獎章。之後，他又與林百里先生和葉國一先生，共創三愛電子，可惜的是，後來經營不善而倒閉。稍晚，他背負著從創業失敗的負債，轉任金寶公司的總經理。在短短五年後，替金寶公司創下第一個一億的年獲利。然後，在他四十歲的時候，當上英業達集團的副董事長，一直到辭世前，他累積了三百六十億身價。更重要的是，他在五十歲不當商人之後，致力於貧窮農村孩子們的教育，替別人創造更大的財富。

失去了反而要偷笑，因為失敗的挫折感反而賦予我們更多的經驗與智慧。

我也不是每次選舉都這麼順利的。認眞回想起來，我人生中第一次的選舉，是競選青商會分會的會長。當時，我明知道自己才初出茅廬，分會裏又有大老文化，再加上自己是一介女子，平常又不可能上酒家作交際應酬，所以最後僅僅以一票之差、高票落選。即便，明知自己的實力不弱，怎麼努力都還是不敵根深蒂固的分會的男性霸權文化，但是從這次的失敗經驗裏，我體會到成功需要天時、地利、人和，而且，我還認知到，自己的聰明才智只能當作是走向成功的第一步，但絕不是全部。因此，我學會在往後的每一次冒險裏，要先評估好環境的各項可能變因，再決定行動策略。

值得慶幸的是，在我很年輕的時候、在我還不是擁有很多的時候，嚐到了失敗的挫折感，我所失去的反而沒有我所獲得的更有價値，因爲每一個反省過後的經驗，都足以讓我受用一輩子。

在青商會的期間，令我印象很深刻的是，曾經在競選青商會中華民國總會長的時候，我雖上了一個強勁的對手，經過十分的苦戰才終於當上總會長。贏得艱苦的選舉之後，這才讓我想起十餘年前蘇貞昌先生也曾在競選青商會總會長落敗時，他有感而發的說：「我輸了票根，卻贏得了掌聲。」確實非常值得令人讚賞。他這種不因失敗而氣餒的精神，反而讓我學到很寶貴的經驗。

眞正的弱者，在面臨失敗後，會一蹶不振；眞正的強者，在碰到挫折後，會更加勇往直前。

一株小小的樹苗變成一棵頂天立地的大樹，需要陽光、水和空氣，更需要不斷的磨練，才能不畏懼狂風大雨。一個人才的養成，除了靠環境的滋養外，自己從每次挑戰中所領悟到的智慧，更是重要。

自我反省是一門不容易的功夫，需要克服情緒對自信的影響，而不變成自我否定。但是，如果學會了自省這門功夫，生活裏將會充滿幫助我們成功的智慧。

失去有形的物質與金錢，並不可惜，眞正可惜的是，自己從挫折中，沒有獲得新體驗。因爲遭受失敗而一無所有，也不可怕，最令人害怕的是，自己沒有看到因此而獲得的人生智慧。

# 謝謝壞人

意識到壞人的存在就是給自己最好的鞭策。八卦太極圖裡區分陰陽黑白的S型曲線，在最飽滿的地方，同是也是缺口最大的地方……。

壞人永遠是我們最好的老師。因爲看到他們的缺點，所以告訴自己不可以像他們那樣討人厭。

在我十三歲的時候，父母親只能靠擺路邊攤賺錢養家，當時，家裏的經濟條件眞的很差，連在市場租個攤位，都很困難，因此，爲了掙點錢，我和媽媽常一起當流動攤販、四處叫賣，累的時候，就找找看哪裏有空位且不會擋路，好將肩上的魚貨放下來，休息一下。

印象中有一次，我們在市場將小攤子擺在一個賣魚的攤販前面，忘了去注意到自己是否會阻礙到魚攤老闆的生意，因此才佇足了一會兒，就看到賣魚老闆老大不高興地打翻媽媽的一簍魚，還羞辱我的母親，對我母親大吼著說：「你白目啊！擋在這裏，不想讓我做生意，是吧？」把我媽媽給當眾罵哭了。雖然明知是因爲我們的疏忽而引起對方的不愉快，可是看到賣魚老闆這樣欺負我媽媽，我也氣到不管平時的家教，就對賣魚老闆咆哮回去，說：「那有什麼了不起，有固定攤位賣魚就比較高尚嗎？我以後長大才不會像你一樣，只在菜市場裏賣魚。」

從此之後，我就記得自己對人家撂下過狠話，而更加努力讀書，努力培養自己的專業，好讓自己避免長大後在市場工作的命運。

子女繼承父母的生命模式經常是一種很難改變的命運，或許就是因爲如此，家裏的親戚在過去是非常瞧不起我和我家人的。他們會這樣對待我們，不僅僅是因爲我們家太窮，有更多的原因是來自於害怕我們去向他們借錢，所以他們對我們不是冷嘲熱諷，就是不願意和我們有所來往。

基於這點心中的不平，從我十六歲開始，我就出社會賺錢，犧牲自己的玩樂，在課業和事業上，總是要求自己要比別人付出更多，直到現在，我實現所有的夢想，也打拚出一番屬於自己的事業。

仔細回想起來，我的成功還得謝謝當年那位羞辱我和我媽媽的魚攤老闆，以及家中親戚對我父母親的鄙視。

意識到壞人或敵人的存在就是給自己最好的鞭策。

會這樣記得別人對我的羞辱，甚至是指責，一直以來都是我督促自己最大的動力，這或許是因爲我的身體裏流有「好強」的血液吧！

很多成功的人，本身也都跟我一樣都有很強大的好勝心，這是很好的，但是也得要小心運用過頭而迷失自我。

從小到大，我的學校課業表現一直都很好，在小學的時候，就經常名列前茅，上了國中以後，又是大小考試的前三名常勝軍，常聽到老師和同學們的讚美，甚至到了後來，考上了文藻外語學院，更加覺得自己很了不起。或許是因爲當時的我太過得意忘形，經常不經意地流露出自己的驕傲和自滿，而讓別人覺得不舒服，所以身邊的朋友慢慢地一個接一個離我而去。

曾幾何時，我嚐到了高處不勝寒的滋味，因而體會到，就算贏了全世界，卻輸了自己，也是件可悲的事。而且，這個世界從來就不屬於任何一個人，所以學會如何和人相處，以及與朋友分享自己財富的方法，都是件很重要的事。

如果有特別留意過八卦太極圖樣的人，一定會發現到，區分陰陽黑白的S型曲線，在最飽滿的地方，同是也是缺口最大的地方。

人，一旦自滿，就會看不到自己需要再改進的地方，這也就是爲什麼我們需要朋友眞誠的諫言。

忠言總是逆耳。當我們聽到很刺耳的話，一定會覺得不舒服，甚至也會認爲，對方會說這種難聽的話，是來自於自己和他們不一樣。可是，不就是因爲我們和他們這麼的不同，所以他們可以看到我們的盲點，而給我們忠言嗎？

與自己不對盤的人之間的相處之道就和煮開水一樣。

俗語說：「水火不容。」水和火的本質基本上就是相剋的，如果把水直接倒在火上，最後的結果一定是水乾了、火也熄了。所以，想喝一壺煮沸的水要怎麼辦？老祖宗一向都是最有智慧的，他們發明了鍋子和水壺。有了可以隔離水和火的容器，讓水火能夠同時存在、又相互影響，自然就可以煮一壺開水了。

找到合適的方法與自己人格特質不合的人相處，是件不容易的事。可是，如果能把厭惡對方的情緒放一邊，先試著去瞭解對方的優點，或許這個傷害你的人正是你的貴人。

同樣地，我們在和合得來的朋友之間相處，也是要注意距離的問題。脣齒相依，難免都會不小心傷害到彼此。因此，再合得來的兩個人，也都還是有缺點的，如果只看到對方的優點，而天眞的以為自己可以很簡單地接受或包容他們的缺點，可能得要留意一下，自己的容忍底限到什麼程度，不要被一時的感覺給迷惑了。

想一想，人們在籌錢趕三點半時，第一個會想到的是誰？若不是自己的家人，就是身邊親近的朋友。一般來說，金錢上困難在短時間內是很難解決的，所以在不得已的情況下，我借錢給朋友應急，通常都不會奢望朋友會儘快還錢給我。

責罵我們的或許是壞人，但他們又何嘗不是送給了我們寶貴的人生經驗？傷害我們的或許也不是好人，但他們也曾經讓我們學習到他們身上的優點，而且他們的鄙視也將是我們不斷往前努力的原動力，只是我們一定要保護自己，不要被對方傷害到。

# 小心好人

對！沒錯！有些人很熱情，他們也是好人，會用自己最大的善意，也會展現出自己最大的誠意，可是，他們往往都忘了要站在對方的角度替人著想，反而帶給別人很大的壓力。

不會吧？要當心好人喔？當好人不是件容易的事耶！連好人都要注意，誰還願意當好人啊？

如果是真誠的秉持善念而去做個好人，當然是件值得鼓勵的事，不過，這並不意味著每個好人所做出的事都是好事。

至少，我在小時候，看到父親不是要不回來他所借給朋友的錢，就是輕信他朋友的人格和信用，幫他們擔保，最後淪落到要替他們背債。看到我父親不斷地被他的朋友拖累，我不得不懷疑這些父親的朋友是否真的是好人？

可是，看到平時這些叔叔伯伯跟我父親稱兄道弟的，眞的是好人啊！那又爲什麼要騙我父親的錢？

這樣的困惑到了我長大了、有比較多的人生經歷之後，才瞭解到，原來這些叔叔伯伯還是很有誠意跟我父親做朋友的，只是他們不曉得自己的還錢能力很有限，因此而連累到我父親和他的家庭。

我們要小心好人，並不是不要相信他們的爲人和人品、甚至是他們跟我們做朋友的誠意，而是要瞭解他們，然後選擇對雙方都好的方式來相處，避免任何一方做出傷害對方的事。

與人相處，我一向都是基於「以誠待人，以禮相待」的原則。

一個人或好或壞，在剛認識他們的時候，我都願意先相信他們都是好人，畢竟人性本善嘛！總是要先給別人最基本的信任，自己也才會心甘情願地善待別人，而後才能跟大家結善緣。

然而，我也不是毫無節制地給別人信任，通常只要某個人讓我吃一次虧，我就會修正自己對他的看法，之後再調整我和他之間的距離。捫心自問，我相信他還是個好人，但是從某個角度來看，我和他能保持距離，對大家應該會更好。

雖然，我不敢說自己已經閱人無數，但是我的社會歷練也足夠到讓自己有能力可以分辨得出來，誰可以做我的麻吉好友，誰跟我最好只是個君子之交淡如水的朋友。即便如此，我不管對誰，都還是擇善固執，給每個人同等的機會，寧可先讓人負我一次，也不要拒人於千里之外。不過，我在上了任何人的第一次當之後，就會告訴自己要小心，同樣的船不能再翻第二次。

一直以來，我都會將身邊的朋友歸類擺在不同的層次上，一旦碰到有人讓我吃虧了，就算是很親近的朋友，就算是我會感到很心痛，我也都會選擇重新調整對方在我心中的位置。

除了因爲不瞭解而被朋友不小心傷害之外，我還遇過另一種讓自己很難招架的好人。

對！沒錯！有些人很熱情，他們也是好人，會用自己最大的善意，也會展現出自己最大的誠意，來跟我交往，可是，他們往往都忘了要站在對方的角度替我著想，而將他們的付出強加在我身上。通常，我很感謝他們的好意，可是也不能否認他們帶給我很大的壓力。

我記得，在我年紀比較輕的時候，因爲小有成就，常常感到自滿和驕傲，有些比較關心我的朋友會提醒我「驕兵必敗」的道理，而我也知道他們是出自於善意，但是他們的言詞有時候實在是過分嚴厲，最後造成我對他們的失望。其實，當時如果他們有發現到，我聽不進去他們的話，而改用柔性訴求，對我好言相勸，說不定我可以眞心的感受到他們的善意。

現在我比較年長啦！已經學會，站在不同的立場，會有不同的看法，即便對別人的諫言會感到不合適，但我也會用同理心來看待，謝謝他們的好意。

對待好人爲什麼更要小心？因爲他們帶給我們的傷害很可能比壞人更嚴重。當壞人對我們使壞時，我們可以不原諒他們，然後忘記他們帶給我們的傷害；可是，一旦好人的好意傷害到我們時，我們往往需要更大的智慧去處理和面對，甚至去體諒他們，才能不枉費彼此之間長久的信任。

## 我愛麻煩

麻煩，真的那麼令人討厭嗎？我不認為，因為它替我帶來很多財富和快樂。我都做得到，那你一定也可以。

你相信嗎？麻煩裏處處是賺錢的機會。

我的創業成功就是從幫助朋友解決麻煩開的。在我二十六、七歲的時候，剛好有個朋友在台灣電力公司擔任採購工作，當時只要他開口跟我說他的需要，不管是文具用品或配備箱、交接箱的彩繪……等等，我一律都說：「沒問題。」

我可不是空口亂開支票喔！雖然我不是開大賣場，更不可能應有盡有，可是一旦答應了人家，就算是沒有，我也會想辦法弄到手。賺多賺少是其次，重點是口碑，別人知道只要有自己麻煩，找我幫忙就一定沒問題。時間久了，自然就會建立起自己的社會信用。

後來，幫忙朋友處理台電的交接箱彩繪工作久了，自己也累積了相當多的經驗，就開始成立公司，媽媽負責總務工作和接電話，我和哥哥則負責業務執行的工作，一步一腳印，最後就用最低的成本，包了全國的交接箱彩繪工程。

再說說，我這個市議員的工作是做什麼用的？每個月領人民所繳的稅，在市議會罵一罵政府官員而已嗎？當然不是。市議員最主要的工作就是要替市民解決麻煩呀！爲民喉舌、伸張正義只是市議員眾多工作項目中的一環而已。

爲民服務是我身爲高雄市市議員中最喜歡的工作。記得，有一個養牛的老伯爲了祖先留下的一塊畸零地，相當傷腦筋。他若要自己蓋房子，實在是太小，可是他如果賣給房地產公司，又怕賣不到好價錢，找了很多民意代表幫忙，幾乎每一個都暗示要收回扣。那些人的作風實在令他信不過，最後輾轉透過朋友認識我，請我幫忙。秉持著公平正義的原則，我幫他做了最理想的安排，沒有收他任何一毛錢。後來，他也成爲我的乾爹。

仔細想想，這眞是一段奇妙的緣分。

在我的爲民服務記錄本上，不僅多一筆佳績，也替自己的人脈存摺增加了一筆善緣。

很多人很好奇爲什麼我幫人民解決問題的效率可以這麼高？說穿了，其實很簡單。一直以來，我都有寫筆記留記錄的習慣，我除了在自己的PDA隨時記錄每天的爲民服務的詳細狀況，回到服務處，我一定還會請助理幫我整成電腦檔案，以備不時之需。

此外，我還有收集名片的習慣，在每張名片上，我都會註明對方的電話和生日，每年除了會寄生日賀卡給朋友外，也會用簡訊祝賀他們生日快樂。很多時候，我對朋友的關懷常令我自己感到開懷，因此這也成爲自己的休閒活動之一。做朋友就是這樣，不要吝惜自己對他們的在乎，對方感受到了我的眞誠，自然也會給我窩心的回應，久而久之，就能培養出好交情囉。

很多人都說：「做人很難，人難做，難做人。」其實並不會，做人的道理就跟插秧種稻一樣。農夫在插秧時，每插一株，就得要往後退，才能再插下一株，越往後退，就能插越多的秧苗，退到最後，整個稻田就插滿了秧苗。

做人也是如此，退步原來是向前。人與人之間的相處難免會有磨擦，感情再好的朋友也都會起口角，關鍵是先瞭解對方，然後再求對彼此的諒解，退一步總能海闊天空，大家作朋友的緣才會有眞正的圓滿。

在經年累月的人脈耕耘之後，我的人際關係可說是相當圓滿，自然而然地，我的人際資料也就累積不少。因此，每次碰到有人需要我幫忙的時候，我只要從手機或PDA調出相關人士的聯絡資料，彈指撥個電話，就能找到關鍵人物，再跟對方說：「我是阿嬌。」問題通常都能迎刃而解。所以，如果你問我對下屆高雄市市議員選舉有沒有信心？我可以很大方地回答你：「我不擔心。」因爲我有很實在的人際資源。

如果你也想成爲億萬富翁，就從解決別人麻煩開始吧！

有學過經濟學的人應該都知道「供給與需求理論」。這個理論在經濟領域裏很基本，對我們的生活也很實用。「供給與需求理論」主要在說，價格最佳化的情況只出現在供給曲線和需求曲線交會的時候，而且光憑供給曲線或需求曲線本身，是不可能得到最適價格的。

社會上各行各業的存在，就是在幫忙每個個人解決麻煩的，大家互助互信、各司其職，自然而然，就有錢可賺。能力強一點、可以幫助人家多一點的，財富的累積就會比較快；擁有多數人不會的專業能力，又恰好是人類生活所需要的，工作所得當然就可以要求得高一點。

醫生這個職業就是最好的例子。要成爲一個醫生可不是件容易的事，光是醫學系就要唸七年，比其他科系多了三年，還要不斷加強自己的臨床經驗，才能正確無誤地爲病人診斷、再加以治療。身爲人類，再怎麼會保養自己的身體，總還是會生病的，這也難怪，只要醫生肯開業，沒有不賺錢的。

還有，多留意別人的抱怨，就能找到賺錢的機會。

說到二十世紀最偉大的發明，要說是電腦，應該沒有人不承認吧！電腦的出現和應用，不但減少了原有各行各業的行政作業成本，還加速了行政和生產效率。再加上網際網路的出現，電腦更滿足了人類生活上的資訊需求，也創造了我們的娛樂需求。無怪乎，當今世界上數一數二的巨富大多是資訊產業出身的。

「一捨就得，少捨少得，多捨多得，不捨不得」，所以，麻煩眞的那麼令人討厭嗎？我不認爲，因爲它替我帶來很多財富和快樂。

# 借力使力更有力

江湖一點訣，點破就不稀奇了！如果你願意花點腦筋，加點知識和經驗，還能明白以和為貴，用社會關係賺錢，我敢打包票，絕不是你追錢，而是錢追你。

人有兩隻腳，錢有四隻腳。

光靠勞力賺錢是永遠追不上錢跑的速度的。可是，如果你願意花點腦筋，加點知識和經驗，這樣你也可以和錢一樣有四隻腳，跑得跟錢一樣快。

我十七歲開始打工，找到的第一份工作是當兒童世界雜誌的推銷員。你以爲當推銷員需要的只是一張嘴嗎？那你就錯了。如果你沒有很好的腳力和方向感，我眞誠的建議你不要考慮去當一個推銷員，推銷任何一種產品都一樣。

有了很好的腳力和方向感，當然也不能保證你就是一個很好的推銷員，但是，至少，一來你腳力好，就可以多挨家挨戶地去拜訪，客戶接觸多了，總有人會買你的產品吧！二來，你有好的方向感，可以確保自己在四處奔走之下，不會迷路了還要別人來救你。

在我從事兒童雜誌推銷員的期間，發現很多家長會誤以爲我是老師，而跟我分享很多教養孩子的困擾，在瞭解他們的需求之後，我再推薦自己的產品給他們，成功率自然就能提高很多。

此外，隨著經驗的累積，我還發現到，白天家長會出門去上班、工作，比較沒有人會在家，所以晚上作門戶拜訪的成功機率相對地會比較高。我也就將主力放在晚上，穿著高跟鞋、頂著星光，叩叩叩地去推銷兒童雜誌。再加上，我也很樂意陪小朋友讀書，於是我就想到，我可以在教導那些訂閱雜誌的小朋友熟悉雜誌內容，以及協助他們克服學校課業的困難。一段時間之後，有的父母親乾脆就把我當成暑期輔導老師，一口氣跟我訂閱三年的雜誌。一個月後，我的業績獎金就達到了五萬元（後來，老闆硬要用工讀生的薪資算法拗我，當時我年紀輕，打算盤怎麼打都輸給老闆，所以實領只有兩萬六千元）。

做兒童雜誌的推銷工作給了我一個很寶貴的經驗，讓我瞭解到如何當一個好老師，於是在開學後，我白天就在學校上課當學生，晚上則四處兼課當老師，從一小時一百元的家教老師，到後來自己開設國中文理課後輔導班，從文宣到講課，裡裡外外全都自己一手包辦。還記得，當時我才二十出頭，就月收入十幾萬。

除了知識和經驗外，如果你還明白以和為貴，用社會關係賺錢，我敢打包票，絕不是你追錢，而是錢追你。

一直以來，青商會提供的最大資源就是社會關係，青商會的成立宗旨是為了提供一個場域，讓有心創業的年輕人可以聚在一起分享彼此的經驗和資源，當然在分享的過程中，會員們可以自然而然地建立起自己的社會關係網絡。因此，有很多人在離開青商之後，會選擇作民意代表或民選官員，將自己的社會資源做最佳化使用，像是陳水扁、蘇貞昌、吳敦義、謝長廷、吳伯雄等人，都曾在政壇擔任重要職務。

由於我自己也曾在青商會耕耘過很長一段時間，再加上，自己也很熱心助人，所以累積了相當程度的良好社會關係，這不僅讓我的三間公司有接不完的訂單，也因此受到親民黨的注意，提名爲高雄市市議員選舉的候選人，而且在把我從我的票倉三民區調去苓雅區之後，經過不到一年的努力，我依然可以順利地選上高雄市市議員。

有了社會關係之後，如果你還懂得組織管理之道，我還可以給你掛保證，不只是你替自己賺錢，別人也會很樂意替你創造更多的財富，因爲你所賺的錢已經不只是你的錢，更是員工的錢。換句話說，當員工在替自己賺錢的同時，要不順便替你賺錢，應該是件很困難的事。

我從澳洲回來後，就陸續開設了台繹坤、台善益和台利康等三間公司，經營了十幾年，我一直秉持著「疑人不用，用人不疑」的原則，將公司業務充分授權給員工。雖然我不會每天都進公司，但是我會隨時關心員工，和他們保持良好的溝通，並且讓員工隨時能感覺到我的存在。當員工有了安全感和信心之後，他們自然會自動自發地完成自己的工作。事成之後，我相信他們不但替自己、也替我賺進資金，還能贏得無與倫比的成就感。

江湖一點訣，點破就不稀奇了。你以爲企業管理碩士MBA（Master in Business and Administration）都在學什麼？其實並不難，依據我去美國檀香山大學研讀MBA的經驗，除了學習技術上的財務規劃，就是交朋友的方式和組織管理。你認爲MBA唸來要作什麼用？好看嗎？當然不是。MBA學得好，就會懂得如何經營良好的人際關係，讓錢來追你，自然也能懂得組織管理，讓你的每一個員工在替自己賺錢一塊錢的同時，順便也替你賺五毛錢。

我對於休閒生活的安排，除了休息之外，也從不忘記要順便吸收新知識。作爲一個民意代表，有機會可以申請出國考察，尤其當我受邀去英國倫敦政經學院做學者訪問時，更是受益無窮，所以每當我在對市政想要更有創新的點子時，都會想出國去走一走、考察世界各地的市政建設和流浪狗收容方式，做成一份又一份的考察報告，以期望能改善高雄市市民的生活品質和流浪狗的安置。

只要做好時間管理和資源運用，我相信，借力使力一定會更有力。

## 誠實還需要美麗的語言

同樣的誠實，可以用很多種不同的文字和作法包裝，我們的話語會造成別人的影響是正面的或是負面的，完全取決於我們的包裝藝術。

什麼樣的話語最是傷人？是謊言嗎？或許是。是沈默？也很有可能是。但對很多人來說，比起謊言和沈默，赤裸裸的誠實反而最像是一把挾正義之名的利刃。

在工作場域裏，我們常會有看不慣一些人、事、甚至是物，他們或許對我們有害，也很有可能只是造成我們心理上的不舒服，不管影響是什麼，能夠表達出來，沒有假裝不存在，都是一種誠實的勇氣，可是這種誠實要怎麼用才能恰到好處、達成改善的目的，是值得我們去思考的。

首先，我們得要去辨識清楚，我們爲什麼會看不慣某些人、事、物？是來自於自己個人的喜好價值評斷？還是，這些人、事、物確實挑戰了大家的道德價值觀？

如果是來自於自己個人的價值評斷，在表達自己的想法之前，一定要注意自己是否會造成別人不必要的壓力；還有，也要想一想自己是否有尊重到對方。如果牽涉到眾人的道德價值觀，出自於善意的提醒，也算是一種行善。

在我的工作裏，常要接觸許多不同的人，他們的穿著打扮對我而言不見得都是賞心悅目的。我也不否認，他們的奇裝異服有造成我不舒服的情緒，尤其是在我當老師時，常有學生喜歡在制服上動手腳。通常，我都會對他們說：「你眞是個特別的人。不過，我會比較喜歡你把扣子扣好」之類的話。

同樣的誠實，可以用很多種不同的文字和作法包裝，我們的話語會造成別人的影響是正面的或是負面的，完全取決於我們的包裝藝術。

記得不久前，爲了請高雄市代理市長葉菊蘭拿出專業，面對高雄市市議會的質詢有關高雄市捷運建設的弊案，正視所有社會大眾的疑惑，提出合理而詳細的說明，我沒有用嚴厲的言詞和強硬的態度去譴責她，反而拿她的名字做文章，拿了個花瓶去議會提醒她，她當時的作法在別人眼裏看來就像個政壇花瓶，她應該拿出一貫的政治專業和魄力，誠實地給社會大眾一個交待。

能夠隨時思考到我們說出去的話、寫出來的文字，對別人的影響，對促進「人和」一定有絕對的幫助。自然而然地，也能讓我們的工作，甚至是生活，更加順心得意。

這不是玩弄人心的心機，而是一種眞誠待人的方式，如果我們是出自於善意地說出眞心話，我們一定不願意別人被我們的誠實傷害到，對吧？

期望管理是一門學問。一個成功的合作案或是一筆成功的交易，甚至是一段值得珍惜的關係，絕對是來自於滿足雙方的期望。雙方的期望並不純粹是金錢上的，也可以是建立穩固的合作基礎或是相互支持的互動模式。

在工作中，如何瞭解到對方的期望？又怎麼正確表達自己的期望，讓對方也能明白，而不受困於不必要的負面情緒？其實是很簡單的。

「誠信」是最根本的原則。

來吊個書袋，引用一下說文解字吧！所謂「誠」，是由「言」和「成」組成的；而所謂的「信」，是由「人」和「言」組合在一起的。也就是說，當「誠」和「信」放在一起時，人們需要留意自己說的話是否出自眞心？而我們所許下的承諾又是否眞心想要促成？以及，是否有能力去促成？

如果在爲人處事中，以上三個問題的回答都是「YES」。值得替自己驕傲的是，我們做到了「誠信」。如果在回答以上三個問題時，有出現任何一個「NO」，就得注意自己的自私，可能最後會造成兩敗俱傷。

我在澳洲讀書的時候，曾經在主修「國際旅遊科」之外，還去旁聽了「秘書科」和「飯店管理科」，由於和老師的關係一向良好，所以雖然是旁聽生，但老師還是願意讓我參加考試、並給我學期成績。在畢業前夕，我向校長提出我的期望，要求學校承認我所有的學分數，並給我兩張文憑，而我也向校長允諾，我回國後，一定會多替學校宣傳，幫學校招生。

校長最後接受了我的提議，給了我兩個學科文憑。而我也沒有辜負校長的期望，從回國後，就盡力施展所學，打拚出一番事業，爲校爭光，讓所有認識我的人都知道我的母校。

要做到眞正的誠實，是件不容易的事，需要相當大的勇氣去面對和接受現實中的不完美。在做到了誠實之後，又能懂得包裝誠實的藝術，那麼眞的得替自己拍拍手、鼓鼓掌，智慧的果實已經在我們的心中了。

# PART 3

# 智識，
# 能開心就能開智慧！

能沈澱就不會沈淪　有態度就會有高度
常思考就不怕失敗　能開心就能開智慧

## 沈淪與沈澱

在忙碌的一整天後，我經常安安靜靜地一個人坐著。慢慢地吐氣、吸氣，傾聽自己的聲音。保持一顆沉靜的心，才能在滾動的欲望與能量之間達成平衡。

在這樣一個資本社會，人們的生活跟時間都因爲金錢而被具體地剝離，並轉化爲與資本家交換的籌碼。例如你放棄與家人相處的時間，而進入公司上班。所以老闆會依出缺勤及工作表現給你薪資酬勞。這是一種社會交換行爲，並因爲交換產生的價值，而有薪資高低之分。

然後，許多人開始產生不滿，認爲薪資待遇太低，以致不能滿足預期的物質生活。所以有許多隱性的排斥行爲，例如上班老是遲到早退、週一症候群……。這是一個很矛盾的行爲。明知需要薪資維持生活開銷，但心裡卻又不願意欣然接受此事實。這實在是一種苦，即使生活不虞匱乏，但肉體靈體持續處在壓抑及消極的狀態，日復一日，彷彿不甘不願沈沒在人間紅塵裡。

我從小就跟著家人在市場討生活，對於金錢，我比任何人更加敏感。爲了改善家計，我從事過各式各樣的工作，從兒童讀物推銷員、家教、補習班老師乃至彩繪工人……任何跟改善生活相關的工作我都作過。到現在，我仍然深刻記得十七歲那年，拿著兒童讀物四處推銷的點點滴滴。

那時雖然家境貧苦，但我接受這個事實。所以更加認眞面對我的生命。並且不斷思索現階段的需求。時至今日，我已獲得許多小成就，但我仍然不斷探索自己內在的聲音。我發現，讓自己生命獲得滿足的，並不是金錢，而是自己對自己生命的認知，它是觀察力。

只要你思考多一點，你很快就會明白，人生有些必經的歷程。比方，學生時代就是考試唸書，青春期就是會爲外表、異性朋友所困擾。青年期，就會有工作職場的問題，青壯年就有生兒育女、婆媳問題等。這些都是必然面臨的考驗。好比是題庫，老師已經爲你準備好了，就只差你願不願意先預習。如果你先準備，你就比別人更多充裕的時間可以準備。

但這還不夠，因爲隨時會有新的題目出現，雖然問題大抵是那些。但因爲自己心理的不願意面對，以致未能即時觀察到自己給自己出的難題，導致經常無法通過測驗，老是哀嘆上天的不公平。

敏銳地觀察自我，明白自己階段性的需求，了解什麼是必要的？未來需要的？什麼是你不需要的，所以要避免的。這幾個大項，是我在面臨痛苦時，經常問自己的。我經常在忙碌的一整天後，安安靜靜地一個人坐著。慢慢地吐氣、吸氣。心情不好就寫日記，傾聽自己的聲音。因爲我知道，保持一顆沉靜的心，讓她無雜質，才能很靈巧地協助我處理很多事務，進而在滾動的欲望與能量之間達成平衡。

尤其，社會上的訊息如此紛亂，我們隨時會迷路，並因爲軟弱而失去離開洞穴的勇氣。該是好好冷靜下來，觀察自己的狀態。回想以前的自己是如何，現在的及未來的自己要如何滿足。這麼長久以來，我是如此走過來的。

# 開口講才有的數學

我生命中的第一堂數學，是在充滿人情味的市場完成；而現在的議場，其實，還真的有點像菜市場……。

生命在什麼時候轉彎，你永遠無法預測！我就曾因爲一個生命的轉折，導致家中經濟驟變，那時我才五歲。

也就從那時開始，五歲，我開始隨著母親在市場叫賣著五元一個的紅龜糕。那一粒粒晶瑩剔透的糯米躺在母親的巧手下不久，就在我面前變成一個個可口的紅龜糕。

雖然滿嘴的童音，但那時我可是母親的小幫手。當個稱職的小幫手，可不簡單，難就難在「收錢」！年幼的我，只會加減、不會乘除，只好跟著菜市場的阿姨一問一答地解著數學。但是，小小的五歲，未上小學，才剛懂阿拉伯數字，如何會乘法？環境迫使我知道，沒資源要轉變。我張著乳牙未掉光的嘴，小心翼翼地告訴好心的阿姨們，請一個個拿，因爲我只會五元一個個地算。

好心的阿姨們會配合。

生命中的第一堂數學，就在充滿人情味的市場完成。但是，社會上，並沒有$5\times1=5$的數學，縱使你學會了$3\times5=15$的算式，也沒有$a\vee b$，$b\vee c$所以$a\vee c$的邏輯可以依循。雖然，有時你會遇見好心人，很像市場裡頭髮捲捲的好心阿姨，他們會接受你咬著娃娃音，對他們施行哀兵策略，善良地不去侵略你對知識，或資源不足之處，單純地和你完成交易。

但是在更現實的眞實社會裡，是沒有邏輯或公式可以依循的數學模式。就好比是童話故事裡，王子被施了法術，變成了青蛙，那法術是怎麼來的？爲什麼好好一個人，會因爲一串符號或咒語變成了醜陋的青蛙。這個邏輯思維很奇怪：法術∨王子，王子＝青蛙；所以，法術∨王子∨青蛙。

這實在是很缺乏根據的現象，但是我們都相信了。爲什麼？因爲有人講了，有人聽了。

我的從政經歷，其實並不算久。雖然受到老天爺的特別眷顧，讓我第一次參加市議員選舉就當選。回顧中間一次次的市政質詢及民眾服務。其實每一次對我而言，都是極大的考驗。

尤其，在填寫生命志願表時，年輕時的我未曾想過會走向參政的仕途。所以在這之前，我的所學，幾乎未曾有相關可參考的經驗。我僅能依靠的，是對於市政的堅持及自我的要求。

那些，是漫長生命堆積的能量。

雖然，我也在這過程中，看見了許多令人費解的政治怪象。在那惡臭的環境，有人習以爲常，有人漫天喊價，也有人殺豬宰牛。我曾經以爲我是否走進一個巨型的政治菜市場。

黨中央豬肉大盤商 ×（記者評審家 ＋ 好菜色 ＋ 椿腳支持）× 搏命演出 ＝ 當選。

我發現，穿著西裝筆挺的議員們，其實都像是菜市場賣豬肉的。算好大拜拜的日期，各自推出選民喜愛的菜色。而又肥又大的豬腳，總是格外受到消費者垂愛。所以，議員們在黨中央大盤商那邊，關係也要好，才能拿到好的部位。而議會裡的記者，仿似美食評審家，從豬肉販到豬肉舖都可以品頭論足。尤其是選舉期，他們更是大拜拜競賽裡，重要的評分委員之一。

在這樣紛擾的環境下，想要生存，很不容易。除了賣對的東西，更要靠口碑。才能在五味雜陳的競爭下，殺出生機。而所謂的口碑是眞才實料，料多味美，不添加人工色素。這背後的關鍵是良心。唯有靠著一步步的踏實，才能讓更多的消費者發現你的好，將你的分數一分分地加上去，如此才能跳脫既有政治經濟市場的壟斷，獲得更好的契機。當然，在這漫長的競賽裡，不能吝惜給自己勇氣及生存下去意志力。

就好像五歲那一年，我張嘴對阿姨們講了五元一個，請一個一個拿。也許，我仍會遇到好心人，也許再也遇不到。但不開口講，我就永遠做不完這個數學題。

# 生活的新章法

我有精神分裂症嗎？不。我只知道我很自由，很隨性。所以，該辣的時候，何妨來點微辣；該甜的時候，何必苦著一張臉；當然，該微笑的時候，豈能不打從內心裡泛起笑聲。

台灣人鼓勵或讚美有年紀的女性，往往愛用「女人四十一朵花」的詞，更俗豔一點的，派出「黑貓」二字來形容。相較於男性的「四十歲一尾活龍」顯得柔弱了許多。

試想，在競爭激烈的生物圈中，小花、小貓怎能和一尾活龍相對抗呢！

這背後意涵著，女人不論是幾歲的年紀，社會都希望你是乖巧、順從、無聲的。只要你稍不從意，多講了三句或分貝高了幾度，母老虎的名聲就不脛而走。這在傳統的亞洲人社會是很常見的。

我不知道一般人如何看待像我這樣一個女性的從政者，類似我這樣會經營自己事業、單打獨鬥地去參與國際事物、凡事實事求是、不服輸的雌性生物。在議會期間，我會選擇在議會研究室留宿，以方便查詢問政資料；上質詢台時，會扭曲著五官，疾聲指責政府主管；甚或在數台攝影機面前兇猛地用拖把擦著阿扁的玉照，嘴裡還碎碎唸地配合電視記者罵了幾句。

但更眞實的我，在私下，是一個喜歡擦指甲油，看到電視廣告時會剪分叉，心情好時喜歡搓小狗兩頰的肉，寫議員出國參訪報告時會咬筆桿，直到寫出來我滿意爲止的女生。

我有精神分裂症嗎？不。我只知道我很自由，很隨性。因爲我堅定地、認眞地做自己想做的事。所以，該辣的時候，何妨來點微辣；該甜的時候，何必苦著一張臉；當然，該微笑的時候，豈能不打從內心裡泛起笑聲。

雖然幼年貧困的生活經驗養成我節儉勤奮的習慣，但做想做的事，一直是我充滿活力的來源。因爲只有做的事，是經過腦袋思考過、盤算過，確定是喜歡的。如此，才會使你投入。比別人認眞、自然多了一分自信及美麗。

很多時候，我們脫離不了社會習俗的羈絆。但卻明明對於它感到很不舒服。尤其傳統社會對於女性，有許多奇怪的拘束。

我知道不需要花的形容或是各種顏色貓的讚美。我只知道，今天講的，是我想說的。

# 有方向的雞婆

只要你願意，雞婆，
也會是美麗的代名詞！

「雞婆」是負面的；「積極」是正面的。但也許人們講的是同一件事。如果以造句的型式作更深一點的描述是：小美在工作上是積極的。又或小美在工作是雞婆的。請把這二句簡單的造句再唸一次：

**小美在工作上是積極的**

**小美在工作上是雞婆的**

對，這二句的音，只有一字之差。但意義卻差很多。造成「ㄐㄧ」X的原因，完全在於詮釋者對小美的感受，而影響「X」爲何的變數是，也許詮釋者喜歡小美，或小美對他有實際或形式上利用的價值，所以「X」爲積極。反之，若小美影響或減損詮釋者既得之利益，不論是已產生、或僅止於預期，「X」必然顯示爲雞婆的亮燈。

同樣一件事，一個行爲，都可能有上述二種情況發生。更灑脫點的態度，應該直接認爲是必然。因爲往往掌控「X」變數的並非自己呀！除非你有強人的意志，不然面對辛苦付出，卻招來負面的評語，豈有不受傷之道理。就是你花了再多力氣，也不能保證獲得眾人一致的讚美。

就好像，爲了吃到好吃的水果，必然遇到些損耗，像是果皮要削掉、果核要吐掉之類。這粗俗的比方，只爲讓你明白，那些流言蜚語就如同是雞皮蒜毛的事，不必太在意。只消你明白看似雞婆行爲的背後，你的意圖爲何。

就拿我在二００一年參與競選全國青商會總會長這件事來說，從決定競選之初，我便開始遇到許多反對的聲音，當然負面的聲音也包括我的家人。理由大致和你現在心裡想的相去不遠。也就是像我這樣一個毫無家世背景的弱女子，僅憑藉熱情、理想、衝勁，是如此地單薄。他們總說，好好的日子不過，爲什麼要把自己弄得這麼累。

但我知道，那是我的目標。所以我作了許多準備來證明自己。那時，除了積極參與會內活動之外，我更運用我在演講及語言的優勢，積極爭取世界總會亞洲區督導的職位。同時不斷充實經營全國青商所需具備的專業素養。此外，我亦投注相當心力在人脈存摺的經營上，每周都安排時間到全國各分會演講，讓各分會的人認識我、瞭解我，讓他們相信我的能力及專業，可以爲青商帶來新樣貌。

再多告訴你一些，爲了讓會友們對我的印象是更立體而深刻的，並不是僅出現在演講台上。我在隨身的筆記本上註記了會友們的生日。只要在當日的記事欄上出現了會友們的名字，我會親自打電話給他，並眞誠地對會友們獻上一首的生日祝福。這個舉動讓他們感到意外及溫馨，也加倍感受到我對青商的熱情及執著。

憑藉著對理想的堅持與一步步踏實的腳步，我實現了一個不可能的夢想。同時成爲其他女性會員的典範，讓她們明白其實我們是可以爲自己做點什麼的。尤其，台灣的社會仍舊存在著父系主權的意識。為了讓別人深切地明白你的決心。你必須雞婆。不為什麼，只為在生命中曾經對自己許下的承諾，也為了不浪費別人的時間。

所以，你必須很有方向地表現出你的雞婆。

# 床頭前的夢想板

「Step by step」！夢想，肯定會實現！

這不只是信心問題，更真切的定義，應該是信仰問題。

從小到大，我們都有過許多夢想。例如考第一名、申請到理想的學校、完成購屋心願、瘦五公斤的減肥計畫等。這些，都是生活的一部份。透過夢想的達成，培養自信，是我神采奕奕的原因之一。

在我的床頭，有一個夢想板，上面寫滿了我的夢想，每天出門前，我都會再認認眞眞地看一遍。然後，閉上眼睛，在心底靜靜地感受夢想帶給我的能量。同時想像著，夢想達成時的喜，想像著什麼會因我的努力而有所改變。這時，你心底自然會湧出許多興奮而期待的能量。

待夢想能量累積達某一種程度後，我會拿起筆規畫夢想的藍圖。專心地去想像、思考夢想板上面的「夢」，要如何實現。這是一個縝密的過程，爲了達成心底的期待，我會開始進行學習計畫、尋找資源，甚至自我改變。

有時候，夢想是一個比較特定的、短期的理想。有時候，他是一個長期、整體的目標。所以，我會將夢想做歸類，分爲長期、短期目標；財務的、人際的、才能的、事業的……。做了這些分類後，夢想板上的夢將能更清楚、更具體地進入我的生活中。

作好分類的功夫後，會發現有夢想是可以彼此聯結的。比方，有時夢想板上寫著：希望本季業績成長10%，另一端寫：希望可以換某某牌出廠的新車。這二者是同一類的，他都歸屬於財務面，所以我會將二者連結，同時寫著：當業績成長到10%時，我就可以換台新車。這讓我更具體明白業績成長，對我而言會有什麼改變，藉以強化我達成夢想的慾望。

當然，有時候，夢想是長期的，他也可能會留在夢想板上很久。比方，我希望當選高雄市的市議員，成爲一個出色的女性政治家。爲了讓這個角色扮演得更稱職，更出色。我的夢想板會寫考上政治研究所的目標，藉以增加政治領域的專業知識。

透過夢想板的藍圖，我會思慮，擔任市議員所必須擔負什麼的責任、應具備什麼能力？而我，又有什麼資源？什麼是我不足的？同時在思慮的過程，體認這是一個長期的目標，它與生涯規劃有很大的關聯，不是單單一個計畫。它是我整個生活方向的轉變。

面對此類長期的目標，爲了讓計畫能實現，我會再多做幾個步驟：

第一步：自我摸索。地球上，所有的生物都不會自己爲難自己，想睡就睡，想吃就吃。但就屬萬獸之靈的人類最奇怪，想睡不睡，該吃不吃，把自己搞得很累，卻又不了解自己的能力，到頭來都是一場空。所以，在做長期規畫時，我會重新評估我自己，包括自己的個性、興趣、能力等等。確認自己的內在、外在都能承受這樣的改變，再進行實際行動。

第二步：設定目標。對自已有充份瞭解之後，就設定一個具體可行的目標。無論是大目標、小目標，都把它寫下來。同時把握具體、清楚的原則。因爲當目標訂的越清楚、具體時，自己越有把握。同時也更明白計劃的步驟、時程表。就好比，你替夢想舖好一格格階梯。只要一步步踏實地實踐，夢想就會愈來愈近。

第三步：開始行動。再怎麼好、再怎麼美的夢想，如果不去行動，都只是紙上談兵，只是夢想板上的扭來扭去圖像罷了。所以，當設定好目標，安排好時程表後，行動就是我早上出門最明確的方向。

第四步：過程評估。採取行動之後，仍需要經常回過頭來，檢查走過的每一個腳印，以便覺察疏忽的地方。做好回顧與整理，可以讓實踐的過程，走得更穩健、更順利。同時避免不小心的疏失使自己做了白工，浪費許多精神。

第五步：修正或執行。俗話說，計畫永遠趕不上變化，變化永遠抵不過老闆臨時的一通電話。夢想之所以被稱之爲夢想，自然有其困難之處。若執行的過程太平安順利，是該感謝上蒼的特別疼愛。如果有困難，我會也會把它當成是平常的風景看待，不會在那個點停留太久。但如果眞有滯礙難行的困難時，我還是會給自己一點點彈性，只要掌握大方向，小計畫可以是可以修改再執行的。

上面五個步驟完成後，經常就是歡喜的時刻。尤其是，當你完成以前覺得想做，卻做不到的時候。那樣的喜悅，眞的很令人開心。特別是像我這樣，在貧困環境中成長的孩子，很多事，是不敢去想的。但是，當我很明確地告訴自己，自己是能力的。心底就會對燃起對自己的信心。

所以，我將夢想板，放在我的床頭。不斷地告訴而我，我想要什麼。對夢想，我是應該去追求的。而我的夢，也在實踐的過程中，一個個地實現了。

# 關於主流價值與男人

如果以男人為觀點的主流價值，像是妳頭上套的金箍咒。那妳應該思考：妳是要當孫悟空？如來佛？還是妳寧願做妳自己。

就領導統御的觀點而言，學校的意義除了教育之外，另一個重要的意義即進行社會化的動作，使大家的行爲規範吻合目前人際社會的需求。

這句話講完了，你思考到什麼？

是的，透過制式的體系教育普羅大眾，符合社會的需求。中間包括了把你變成可被社會運用的人外，也涵括了把你變成主流喜歡的人。然而，每個社會的主流價值又都不同，就性別角色這件事，就有許多不同的見解。

比方歐美社會，除了男女平等的觀念，也接受同居的概念。但在同一個時間點上，某些非洲國家仍存有女性割禮的觀念。深究其中的意義及影響，並無眞正的好壞之分。因爲性自由與開放，相對也衍生愛滋病的問題。而主張貞潔的社會，相對也就較無此病媒。

這二者，唯一相同之處，在於你所生長之處就已存在既定的主流價值或觀念。彷似一出生，頭上就套上孫悟空頭上的金箍咒。當你不聽話時，就出來修理你，搞得你頭痛、擔心、胸悶、失眠、抽煙、喝小酒解決煩惱。其實，你不必這麼煩惱。因爲，我已經把關鍵告訴你了。

有一個男人在身邊，也只是證明你符合社會期盼。但卻可能爲你帶來許多事，例如要練習御夫術或學習婆媳相處。一個人自在地活著，不也是證明你沒有男人一樣可以活得很好。中間沒有好壞之分。唯一相同之處，是由你自己決定，所謂自己的主流價值。

# E 世代的衣哲學

打理衣著，要先管理好你的衣櫥。

因為，不管流行怎麼變，智慧才是最有利的行頭。

作爲一個公眾人物，其實，是有許多麻煩的事。尤其是外表，你更不容自己有太多的差錯。但是又不能讓別人感覺你太過於注重外表。所以這中間的拿捏變得很重要。尤其，衣飾在人際交往互動中又包含了許多非語言的展現。

就先以男性的政府官員來講。在一般正式的場合，男性通常是一律穿上筆直的深色西裝打上領帶。但如果遇到災區視察的情形。又該怎麼穿著呢？如果有天他失去社會敏感度，而例行性地上穿著西裝，急忙地趕往災區視察，我相信當天在媒體上你就會聽到對該官員的一陣批評，撻伐他不知民間疾苦，一付高高在上的大官嘴臉。即便他是帶著一顆眞心想去關心災民，就是讓人感覺不夠親民，一臉欠罵的模樣。

但是，如果他歷經上次的經驗，而改以穿著輕便的運動服，又馬上會被批評太隨性，不夠莊重。因爲，即使是去視察災區，那也是工作的勤務呀，怎可以一身休閒打扮。所以只要是類似的場合，男性官員統一穿著襯衫打領帶，而外面穿著休閒外套載著運動帽。讓人感覺正式又不會太正式，嚴肅中又帶著親和。

老實說，這實在是很饒富趣味的社會性集體視覺觀感。

穿上休閒外套跟身著西裝外套，眞的有差這麼多嗎？

這跟我們希望別人對自己的觀察多深入一些，不要以貌取人的原則，二者是背道而馳的。但偏偏又難以察覺自己潛在的刻板印象。所以身處在你評論我，我評論你的人際循環下，我們只好小心翼翼地掏錢經營自己的品味。

一則避免花大錢買來的衣服，淪爲別人茶餘飯後談論的焦點，一則希望買到獨特的物品，跳脫資本社會中，無奈的躋身量產化商品漩渦。進而成爲脫穎而出的品味人士。尤其當今文化已經從披毛茹血的猿人社會，發展到把衣著跟禮儀劃上等號的型態。所以呢，學會如何穿衣服，就好像如何呼吸一樣重要。誰教我們身處在E世代、Y世代呢？！

不過，如何呼吸，困擾不了我們；但如何穿衣，就常常大傷腦筋！伸腳走進書店，一整長廊的架上，整整齊齊放置著琳琅滿目的流行雜誌、書籍。但那些往往讓人愈看愈迷失。流行產業這麼多元。每次總是有追求不完的最新必買單品、必殺配件、必敗彩妝……。使我們幾乎迷失在書海裡，茫茫不知自己又處在流行的那一個位置呢？

出自春秋戰國時代的清靜經中提到這麼一段：「夫人神好清，而心擾之；人心好靜，而慾牽之。常能遣其慾，而心自靜」。老子很明白的道出，人們是喜好清靜的，但因爲心裡的欲念，牽動著我們的心。如果你能了解它，善加利用，這樣心就會得到平靜。

但，問題是，我們不想因爲衣著變成被大家討論的對象。

那麼，就請你再將老子道德經那段再品味一次。他提到，必須要好好地差遣它，運用它，才能讓自己獲得平靜。老子並沒有說，你要完全去除自己的欲望，而是要認識、了解自己的需求。所以當你一昧地看流行雜誌，事實上只是滿足了資本家要你掏錢購物的需求，並無法滿足你眞實的需要。

爲此你必須付出心力，深刻地開始由心向外觀察，認識自己的特色、缺點。才能加以滿足那個想要包裝自己，想要使自己更出眾的欲望。由此小徑開始，才能更理性面對，自己爲何要包裝的動機。然後適切地選用衣著，一片片保護地脆弱善感的自尊心，如此，才有機會將自己安然放在平靜的道路上。

所以，我出門的裝扮都很簡單。因爲我已經確認自己在社會上想扮演的角色、定位。該包裝時，就包裝。可以簡樸就簡樸。不給自己太多麻煩，也不讓自己被一堆買了不穿的衣服包圍。同時，衣櫥也是我管理的一部份。每一季我都會針對流行的趨勢及自己的狀態，挑選出自己適合的服飾，並加以分類。讓自己的衣櫥在管控的範園。當想買衣服時，也能再重新檢視是否衣櫥是否有相似的，及是否有可以搭配的衣服。

其實，面對這麼多的訊息，建議。有時，是需要停下腳步，歇歇腳的。爲自己保留一點思慮的空間，甚至，在鏡子前，想一想自己的需要，甚至，冷眼地看著自己的行爲軌跡，都是很有幫助的。認識身裁的特色，保有自己的風格，這才是眞正的自己。因爲，我知道不管流行怎麼變，智慧才是最有利的行頭。

# 充滿遺憾也沒關係

知識的框框，常常限制住我們發展的思維，太過教條，會讓人太過制式，只有學會跳出框框，你的世界才會更寬廣。

曾有人做過實驗，將兇猛的鯊魚和一群熱帶魚放在同一個池子，然後用強化玻璃隔開。一開始，鯊魚不斷衝撞那塊玻璃。它試了每個角落，每次都是用盡全力，但每次也總是弄的傷痕累累。持續了好一些日子，有好幾次都渾身是傷。當玻璃一出現裂痕，實驗人員馬上加上一塊更厚的玻璃。後來，鯊魚不再衝撞那塊玻璃了，對那些斑爛的熱帶魚也不在意，好像他們只是牆上會動的壁畫。

實驗到了最後的階段，實驗人員將玻璃取走，但鯊魚卻沒有反應，每天仍是在固定的區域游著，它不但對那些熱帶魚視若無睹，甚至於當那些鯽魚逃到另一邊去，他就立刻放棄追逐，說什麼也不願再過去。

人生在世難免有許多困難，他就像是一塊阻撓我們前進的玻璃。遺憾的是，我們面對理想的不能達成，心中的氣燄，最終會平息。只是，平息的理由經常是非常消極的宿命論。安慰著八字不重，自己沒有那個格。所以，就這麼放棄了心裡的夢想。而且，放棄的速度，會依著社會給你的框架大小，放棄的就有多快。

由於我踏入選民服務，經常會有許多的家長，會帶著他們的小孩來問我關於塡寫志願或申請學校，或介紹工作。我發現，現在的家長給小孩的壓力，是很可怕的侷限。但讓我更訝異的是，許多小孩，大多沒有自己的想法。有時候，我眞的很懷疑，他們往後的日子該怎麼辦。

人生才開始，就不願意自己面對問題、自己移開石頭。反而是聽任著別人的說法，照著社會規範說的念書、賺人錢這條路走去。也許，這條路是條舒坦大道，但是也是因爲如此，這條路上擠滿了許多人，充滿了陷阱。

即使幸運上了大學、研究所，才恍然發現，學歷不能變成金錢，出了社會賺不到錢。因爲總是聽從別人說法的人，往往只是素質很好，卻沒有自己眞正的思想，也缺乏勇氣。充其量只是一個識字，卻無知的人。

但是，眞的是這樣嗎？花了大半輩子的時間，爲了成爲別人眼中成功的人。乖乖念書、做事，這樣有錯嗎？那爲什麼，還是得不到幸福。

浪費了許多光陰，眞不值得呀！

爲什麼不好好想一想，停下腳步，確認自己心裡的想法，聽聽心裡的聲音。嘗試突破外界或自己給自己的框限。如果不試，一輩子後悔，一輩子羨慕別人。然後背著滿簍子說不盡的怨嘆一直到老。

一棵蘋果樹，至落土的那一剎那開始，就是要成爲結滿蘋果的果樹。如果，這世界，不給你施肥。如果，蟲子來刁難你。你就要因此而放棄嗎？

蘋果樹，不奮力結滿蘋果，就不是蘋果樹了。你說，是嗎？

PART 4

# 健康，

# 活在慢活與樂活之間！

許多人不是死於疾病，而是死於無知。
有了正確的健康知識與常識，
剩下的就只是取決於生活在慢活與樂活之間了！

# 多思考多放鬆

通往夢想的大道，要有體力與腦力：
會思考才會有路徑，能多思考才會有捷徑。

每個人在世間，都領有無數張的身分證。也許擔任的身分是學生、女兒、員工、情人、家人、主管、議員、挺扁的人、倒扁的人、朋友心情的垃圾桶、被妒忌的人……這每一張張的身分證彷如代表著在世界上的一顆顆小螺絲釘，而每一小顆也都肩負著社會互動的機能性及原動性功能。為此，我們都希望好好地緊鎖分配到的螺絲孔，成為人生舞台稱職的主角。

但是，這又是如此地令人為難。因為，時間總是如此的倉促不足。「忙碌」，是我們的共同語言。為了替自己多爭取一點微薄的呼吸空間，熬夜，變成我們慣用的手段。

曾經有個寓言故事是這樣子的：哈佛大學的教授在課堂上，將石頭滿滿地裝在桶子裡。

他問大家滿了沒。大家回答，滿了。後來，他又陸續放了小石頭、沙，最後又裝進了水。

這個故事我們常聽，也常用來說明時間是可以好好運用的。但是，我想說的是，如果你一開始便放了水、或小沙粒。可能更就也裝不下大石頭跟小石頭。這個例子，之所以能被拿出來沿用，是在於故事程序是有效的。如果，其中一個環節錯了，它就無法成爲有用的故事。所以，除了關心放了石頭可以再裝進小石子、小沙子之外。你更應該注意到，如何使事件成爲「有效」。也就是思考如何使過程成爲有效。

在地球這生物圈中，人類的生活是最複雜，也最多元的。即使如此，我們仍屬於生物體。也就是一切的行爲目的，在於適切地存活於地球。再講坦白一些，就是要享受吃飯睡覺及遊玩的樂趣。基於這個原則，我們夾雜在忙碌的生活間，一定要想辦法讓自己快樂。

可是，這偏偏是如此地不容易。因爲，我們要扮演的角色何其之多。每一個身分，每一個角色，總是會佔去我們許多時間。電腦的容量，可以加大。RAN不夠，也可以改。但，我們該怎麼辦，才會讓生活更順心一些，RAN跑快一點。

以我這樣一個毫無家世背景的女性，之所以能在青商會上獲得國際的掌聲，受到大家的肯定，除了我做了幾件對的事之外，更重要的是我該如何運用貧乏環境的資源及有限的時間，將能量極大值，轉化爲豐富的社會資源。所以，我想跟大家談論關於時間運用的心得。我的方式有幾個：

一、路徑管理：由於選民服務非常龐雜，爲了有效的管理。我會隨身帶著小手冊，將事件大略記載說明並將因應的工作做好分配。我隨身的筆記本，就好像是電腦桌面的路徑一般，協助我快速找到工作處理的程式。

二、歷史紀錄查詢：當我對於生活感到特別勞累時，我會開始觀察自己的生活作息。比方，觀察自己在一天的時間上，什麼事情，花了多少的時間。而事情是否達到自己預期的效益。這樣的方式，可以幫助我，時時觀注自己是否把時間放在效益低或不在目標的事物上。

三、清理資源回收筒：在生命旅程中，最難放下的是自己的欲望。雖然欲望經常是我們努力工作的動力。為此，他們往往就這樣地順理成章變成暫存空間，佔據許多磁碟容量。我是贊成人生該好好享受的，所以我會將欲望有效分配，並成立三個文件夾，一個是現在，一個是未來，另一個是機會。「現在」文件夾中，放進目前可以完成的願望。「未來」則是期許的目標。「機會」則是要靠機緣才能達成的願望。經過這樣的評估，可以使你更了解自己想要什麼。但RAN跑太慢時，你就要回頭來看看這些文件夾。放得太滿時，你就要清除。確保你的硬碟可以順利運作。

人的一生中，往往因爲許多問題而產生煩惱，煩惱事情不該這樣發展，或懊悔錯過時機。而這些困擾其實往往跟你的狀態有很大的關係。有時是你腦中錯誤的價值或想法是整個問題的關鍵，有時是因應的行爲造成，也有時是情緒起伏影響了事情有效處理。建議你，要時時關心自己每個狀態，並對腦中的欲望多做思考，電腦中的BUG就便會在有效的方程式解析中一一浮現。牛車也會飛起來了。

## 很多病是可以不讓它發生

我在九十四年與林依芳董事長成立高雄世界聯合防癌促進會，為的，就是宣傳正確的防癌觀念。因為，這個社會有太多貪心的聲音，只顧著自己的利益，讓許多人白白受苦。

對健康無知眞的是很可怕的狀態，不明不白就死了，也不知道爲什麼。世界衛生組織總幹事曾講過，只要採取預防措施就能減少一半的死亡。這句話背後代表的意義是：有一半的死亡完全是可以預防的，他們都是不該死的。因此醫學界提出：許多人不是死於疾病，而是死於無知。因爲很多病是可以不讓它發生、可以避免死亡的。

以目前很多人喜歡吃保健食品爲例，大家殊不知，保健食品是不能亂吃的。服用高劑量的營養食品，不但無法改善身體不健康的狀態，甚至有可能造成疾病。

拿現今喊得最響亮的鈣質補充劑來說，鈣除了需要維他命D3、C、鎂等營養素一起運作之外，還需要正常的甲狀腺荷爾蒙才能眞正有益於骨質疏鬆症。如果只是一味地補充高劑量的鈣，甚至可能引起高血鈣症、腎結石等症狀。也因此營養學家呼籲：儘量從食物中攝取均衡的營養，實在不足時，再以健康食品補充。

所以，正確的知識眞的很重要。但是，叫我們補充鈣的是媒體。我們也是聽到各種呼籲，才會花大錢，買健康食品。卻沒想到，資本主義當道，賣健康食品的是藥商，他們也想要賺大錢呀。於是原本是醫療級的用品，在法令的鬆綁下，就像魚兒發現大海般，魚貫地流到開架式的展場，個個打扮得花枝招展，五彩繽紛。加上媒體廣告的推波助瀾，誰也無法在安全地脫離這場帶著銅臭味的漩渦。

事實上，中國早有古訓：過猶不及。任何事乃至吃進嘴巴的營養補給品都必因應個人體質而有不同劑量，而且一定要適量。因為，我們每個人的飲食習慣都是如此的不同。有人喜歡吃雞排、有人喜歡吃香菜，也有人特別喜歡吃海帶。大家的口慾是如此地不同，適合的保健食品當然劑量也會不同。中國有一句諺語：「一方水土，養一方人」，亦即不同地區，因爲水土及地理環境的不一樣，即使同樣吃米食，也會造就不同性格、不同喜好的地方習性。更何況是拿身體健康來放在同一個天秤上！

這個社會有太多貪心的聲音，只顧著自己的利益，讓許多人白白受苦。在這裡，我想告訴大家幾項健康保健的觀念。

國際上在維多利亞開會有個宣言，這個宣言有三個里程碑，第一個叫平衡飲食，第二個叫有氧運動，第三個叫心理狀態。

均衡飲食：這個口號很簡單，大家都知道，每天要要奶蛋豆魚肉蔬果均衡攝取。但現今是工商社會，外食人口想要吃得均衡，實在不容易。不是太油膩、太重口味，就是缺乏蔬果維他命C。也因此，健康食品應運而生，只要有人老是用時間不夠來當藉口，市場就會繼續蓬勃發展。因爲健康食品已成爲補充維生素的捷徑。以爲即使吃進太多大魚大肉，也不用擔心。因爲健康食品是人們懶惰的擋箭牌。但你想想自己連吃的都懶惰，如何保有健康的身體。

所以，在這裡我想呼籲，與其吃一堆的健康食品，不如作好健康管理。只要你細心多留意自己的飲食習慣，就可以發覺自己平時什麼東西吃太多，什麼是要加強的。以蔬果爲例，依營養師的建議，每天最好攝取黑白紅綠黃的食物。黑色的如黑木耳、香菇；紅色如紅蘿蔔、蕃茄；綠色則爲一般的蔬菜；黃色如地瓜、柑橘類食品。這些就好像金木水火土一樣，是我們身體的元素，也是我們身體每日的活力來源。

多做有氧運動：如果一直不運動，心臟及體力就會衰退，稍微動一下。就很容易感到疲勞。而且血液循環變差，身體內部的疲勞物質（乳酸等）會無法排出。所以再怎麼忙碌，最好仍要想辦法改變生活習性，養成每日步行運動的習慣，或作些伸展操。另外有件事，大家更要注意，盡量不要早上鍛練運動。醫學界建議要選在大家傍晚鍛練，因爲早上人的生物時鐘規律是體溫高、血壓高，而且腎上腺素比晚上高出四倍，如果你一早起來就激烈運動，那很容易出事，尤其年紀大的人容易出現心臟停搏。早上散步、做體操、打太極拳、練氣功，這是很好的生活習慣。但是如果中老年人早上激烈運動、長跑、爬山，是有百害無一利的。

心理狀態：對人類而言，煩惱是一種極大的壓力。這是源自於人類對環境恐懼的本能。但如果長期一直處在極大的精神壓力下，就會使得身體產生不正確的訊息。因爲當人們處在緊張的狀態時，腎上腺素會上升，協助人們逃離危險。但，大腦長期身體發出憂慮的訊息，體內的內分泌就會不平衡。造成比你一開始所煩惱的事，有嚴重的生理狀態發生。所以，保持情緒的穩定很重要。別讓你的大腦總是對身體發出假訊息，有一天身體也會把大腦當成放羊的小孩。

均衡飲食，有氧運動，保持心理平衡，這三個健康大標永遠不會改變。要改變的是活在現今社會的我們。因爲社會變遷太快，每天都有不同的新發現。報上每天都在報導什麼可以減肥、吃什麼可長高、什麼可以怎樣怎樣。但所有都是片斷的言論。知識的膚淺化，也造成我們的健康危機化。但是，有些事是不會改變的。只要掌握健康的大原則，合理膳食，適量運動，戒煙拒酒，保持心理平衡。那麼，我相信，這社會許多不該生病的人，是可以避免死亡的。

## 相對的附加價値

愛，可以創造奇蹟；分享，可以創造一切。不管你是石縫中的玫瑰或豆芽菜，有愛、有分享，你就能冒出芽、開出花朵來……。

說眞的，你想知道些什麼？而我，眞又能告訴你些什麼？

這兩個問題是很相對的，唯一能引起火花的，我想，不外乎是我曾經挫敗的經驗或是成功故事的分享。但人生行經至此，不過數十寒暑，所以，一切皆未能獨斷地認定好壞。

唯一眞能分享的，是源自內心對人的愛。因爲出自良善的衝動，所以我在生命的歷程中，努力嘗試突破各種桎梏枷鎖，小心翼翼地尋找出口，奮力爬出資本主義的貧困陷阱，作到別人認定的不可能。而所有的一切，都經過各種無形及有形的資源萃取出的各種喜怒哀樂。

因爲眞誠，所以感人，因爲愛，所以奮力。

爲了愛我的家人，於是我凡事比人更認眞勤奮，從十七歲就開始打工賺錢養家，進而經營事業，甚至意外地扮演傳統社會女性無法勝任的角色，成爲一個女性企業家，同時兼具著公僕的身分。

回顧這一切，我明白那是我對父母的愛。

因爲我愛我的父母，不願意讓他們再因爲任何緣故，被人輕視、瞧不起。至今，我仍深刻記得，童年有一次母親帶著我去市場賣魚，因爲細故，被前面的攤販當眾羞辱。母親溫馴與人爲善的脾氣，在那當時，只是低著頭任人辱罵。看著自己媽媽被人欺負，心中的憤怒不可而喻，當下我生氣地對著那老闆說「有什麼了不起，我長大才不會跟你一樣」。那句脫口而出的話，至今仍深深烙印在我心底。從那時起，我發誓要出人頭地，爲自己的父母爭口氣，不要再被人瞧不起。

這是一個貧窮小孩的痛苦回憶。「人爭一口氣，佛爭一柱香」；但因爲愛，我將之轉化爲生命成長的動力。那彷彿是被石頭壓住的豆芽菜，因爲外在龐大的壓力，反而讓它從石縫中生長得更茁壯、更勇敢。

只是，像我這樣的戲碼，在台灣其實並不在少見。因爲台灣在短短三十年之間，從開發中國家迅速成長爲已開發國家。而我這一輩的人，只要好好把握機會，就會分到經濟成長的果實。

我所能跟大家分享的，是我對於命運的不低頭，及對於人性的眞誠。因爲社會的人我關係在利益的薰陶下變得太冷漠，大家變得太急躁。當我賺到了大把的金錢，獲得了名聲，我明白所謂的名利，是社會既得利益階級安排的陰謀。那是用來造成人我之間，矛盾不平等的工具。

因爲擁有了金錢，不一定能得到眞愛；擁有了名聲，不一定能得到尊敬。而名利，往往有時掌握權利階級手上。你在這其中，極可能僅是別人操弄的棋碼之一。

在寒暑交替的轉換下，終將會覺醒而茫然。察覺所有汲汲營營的一切，都因人事變遷轉爲煙霧。一陣短暫絢爛的表演後，僅會徒留下沒人清理的圾垃及懊悔。如果你不明自自己的動機爲何。或者，不能緊握眞誠的度量。都將在爬出一個陷阱後，又掉入另一個深坑。

你必須相信自己是重要的，是有能力的，同時珍愛著愛你的人，不要他們爲你擔心難過。所以，在巨大的誘惑及眞我之間，將能取捨。

希望我用我的生命，歷經時間所萃取出的精華，可以成爲你生命中的養分。將我曾經走過的生命模式，成爲你們參考的一部份。

# 單身女郎的危險清單

沒人接送、沒有經濟後盾、傷心時沒人安慰、年老時沒人照顧……這是單身女郎的危險清單，問題是難道結婚了就不會出現這些危機了嗎？

根據內政部統計資料顯示，卅年前，廿五到廿九歲女性未婚率十九％，前年已提升為四八％，卅至卅四歲女性未婚。率則從六％增加到二〇％。台灣女性二十到四十歲中，個之中有六個以上都未婚，而我，便是這其中之中一。

當然，不是我抗拒婚姻，不想結婚。而是人生際遇如此安排，我也只好欣然接受老天爺的安排。幸好，這是處在一個開明的廿一世紀。所以，至我這年紀仍單身，也不是什麼大驚小怪的事。

除了偶而會有好事者，對於我而仍小姑獨處，有些莫名的耳語，而那些討厭的騷擾，不外乎說我眼光太高、愛當女強人等等的老論調。但我的人生於此時，開始自覺只要我能好好照顧自己，有沒有男性的伴侶其實一切都隨緣。

說眞的，當一個單身黃金女郎，實在不容易。舉凡無辜成爲社會上的單身公害，常被人消遣、出門沒有人接送、外出購物要自己提、不斷要找藉口推拖不去相親等等。不過，這些都還好，眞正令人擔憂的都比不上，年老一個人孤單，沒人照顧，這樣的危機來得令人緊張。

是呀，所以少了一個伴，彷彿人生不完整，什麼都很糟。但又說回來，多了一個男伴，是否眞的就能天下太平，不會有令人討厭的事情發生嗎？當然不是。因爲問題不在「沒男人」這狀態本身。而是在於我們是否會打理自己，好好發揮黃金單身女郎的優點。同時極可能地降低單身而產生的社會性缺點。所以，我將單身可能面臨的問題一一列出：

一、沒人接送：那我出門就搭小黃或自己開車。以我之前擔任青商會長時，全國到處演講的情形，如果當時我有個伴，那我可能那裡都走不了。因爲他要接送我，但我又不能讓因爲自己個人的需求，帶給他這麼多麻煩。或他會基於關心的理由，反對我一個女孩子四處亂跑。五十六年來最年輕的女性總會長，可能就會因為一個男人的關心，而在社會上流產。

而且，如果真的太累，不想自己開車，我也會利用台灣的計程車服務，找小黃。歷經彭琬茹事件後，台灣的交通服務做了許多改進。只要你打個電話預約，上車前再確認是否是你預約的車號。社會資源就是這樣好用，不但安全又方便，也不用太擔心因為出門動作太慢，被另一半賞白眼吃的情況。

二、沒有經濟後盾：我從十八歲起，就開始經營事業，前後已經開了三家公司，二〇〇〇年時，更獲得華人婦女經商獎（只有十五人獲選）。所以，這個危機對我來說，似乎很早以前就開始預防。只要我凡事量入為出、不亂花錢，商業儲蓄險對我來講，就是良好的經濟後盾。

三、傷心時沒人安慰：這該這麼說，我是少了一個讓我傷心的有機生物體。因為，少了一個男人讓我擔心，所以就少了不少傷心的理由。而其他人生歷程必經的傷心事，可以找姐妹淘談心，同時我的家人也是我傾吐的對象。所以，這件缺憾也不成立。因爲我平時待人眞誠，身旁自有許多關心我的朋友。我相信，我受傷時，他們會願意扶我一把。

四、年老沒人照顧：是呀，年老沒人管實在是一個嚴重的問題。但幸好，我已隨著社會進入廿一世紀。放眼望去，單身的人並不在少數。而台灣商業團體也隨著社會變遷的腳步，注意到銀髮族未來龐大的商機。也因此開始有許多針對銀髮推出各種養生保健食品，更有許多環境優雅、設備齊全的老人安養中心讓你挑選。我相信，等到我年老時，還是可以很幸福，只要我好好看住荷包，就會有一堆商人乖乖排隊，等著要對我提出各種銀髮族看護專案，急著想來照顧。

列出了關於單身的危險清單，做好危機預防。我明白，只要我不給自己找麻煩，凡事積極樂觀，好好珍惜自己。人生旅途不管有沒有伴，都會過得很幸福。

## 吃喝玩樂都不貪

吃得好不如吃得巧。如何避免跌入色聲香味觸法的貪心陷阱，食物入口前何妨先靜靜入定一下下。

古代有句名言：「一日之所需，百工斯為備」。

現今社會的快速變遷，也造就社會上的工作者極大的壓力。現今人們，所享受的物質生活，雖是以前早期社會的數倍。但同時也造就一個充滿數倍壓力的勞動環境。

工業系統的發達，使得現代人可以輕鬆享受珍貴的水資源、電力、品質良好的衣服。你甚至可以廿四小時都享用到乾淨而衛生的食物。但我們卻可以發現，我們可以享用的食品種類多了，但攝取的營養卻少了。

綜觀這一切的變化，在於人心。在於你是否了解如何去汲取身體眞正需要的元素，及如何避免跌入色聲香味觸法的貪心陷阱。老實講，這很難，那些貪念就好像鞋裡的小石子，讓我們的路途走起來倍感艱辛，感到一切是如此的不順遂。其實我們只要放慢腳步，將鞋子輕輕敲一敲，塞在鞋底的小石子就會被我們覺醒的力量倒出來。

通常我一回家，我會先靜坐十分鐘。給自己一個獨處的空間。在這十分鐘裡，我覺察自己的狀態。今天是否太累、說了什麼話很不應該、做了什麼事很滿意、自己有什麼感受、有什麼擔心的事、希望如何去做。透過這樣的回到家，短暫的時間，讓忙碌的自己有個停止的時間，好好地呼吸。靜靜地感受外界帶給我的各種刺激。

透過這樣的獨處時間，有時候會察覺身體到有某些不舒服，那是焦慮、疲倦、感冒、背痠……等。此時，我會回顧這幾天來，是否有不開心、壓抑的事，讓心理影響到的生理。這時，我除了儘量放鬆心情之外，也會特別注意飲食。

因爲我們的身體對任何壓力的反應都是相同的；當遭遇壓力時，腦下垂體及腎上腺會分泌相關荷爾蒙，進行一連串體內營養素的分解汰換，以應付壓力所帶來的身體傷害。

根據學界研究資料，當人們面對壓力，除了放鬆心情，排除緊張的外界因子之外，身體在此時亦需要特別維護。迫切需要的營養素包括：維生素C、泛酸、鈣質、維生素B群及高蛋白質飲食。

維生素C及泛酸可刺激腦下垂體及腎上腺利用蛋白質合成荷爾蒙以對抗壓力。鈣質可以幫助神經刺激的傳導，緩和情緒，避免暴躁焦慮。而B6可在體內被製造成天然抗憂慮劑，如多巴胺和正腎上腺素；B1、B2、葉酸、菸鹼酸等可維持神經系統的健康，緩和易怒、沮喪的情緒，增加活力。

身處在這樣緊張的環境，藉由調整飲食，雖不能降低壓力，但至少也可將壓力所帶給我們身體的傷害降低。所以在烹飪時，我會多運用天然的保健食品，如綠色蔬菜、糙米、胚芽、芝麻、黑砂糖、柑橘類水果、乳製品等。讓天然的食品，緩和我不舒服的生理，使身體時時處在最好的狀態。

# 身體保健不能等

冰凍三尺非一日之寒，很多病痛都是積陋成習而成的，不好的生活習慣一天不改，健康就會慢慢的離我們遠去。

死神帶走的不一定是老人，但很可能是病人。

如果你曾經在醫院中特別留意過身旁來來去去的身影，你一定會發現，健康是我們與生俱來最大的財富，但在我們的生活中，它的重要程度卻最常被排在金錢、名聲和權力之後。

我還在當老師的時候，曾經被學生問到一個很有趣的問題－爲什麼我們都要晚上睡覺？

原因很簡單，依據中醫的說法，我們的五臟六腑休息時間都是在晚上。比如說，肝臟的休息時間是在晚間十一點至凌晨一點，所以大部分肝功能不好的人都會被建議，無論如何一定要在晚上十一點前上床睡覺，就算睡不著，也要躺著閉眼休息，減輕肝臟的運作機能。

如果有過熬夜經驗的人一定都曾感受過，一夜不睡覺，至少要大睡兩天，才能恢復精神，這是因爲熬夜是很傷肝的。而且，肝臟不像其他器官會在不舒服的時候發出警訊，可是它一旦受損就會反應在全身的基礎運作機能，非得要靠睡眠，讓全身上下得以休息，才能慢慢恢復。

這也無怪乎，早睡早起身體好。

現代的文明病有八成以上，和壓力脫不了關係。而在面對壓力時，大部份的人都會出現失眠的症狀。尤其是人格特質中具有凡事追求完美、事必親躬等特點的人，常要求自己今日事、今日畢，最後導致熬夜成爲一種日常生活習慣。

熬夜的習慣所帶給健康的威脅並不亞於吸煙和酗酒。除了在無形中造成肝臟的負擔，對於腸胃的負面影響也很大。

很多人在熬夜的時候，習慣靠喝咖啡或茶來提神，但那是很危險的。因爲過量的咖啡因會使血壓升高，刺激腸胃蠕動和胃酸的產生，甚至傷害腎臟，消耗體內所有的維他命B。

咖啡和茶裏的咖啡因也會刺激腦神經，使心跳加快、血糖升高，所以剛喝完咖啡後，會感覺精神很好，但是很快地，血糖就會降到最底點，疲累感就會回來。無形中就會攝取越來越多的咖啡和茶，對腦神經系統的危害就更大。

沒錯，全力以赴是成功的要素之一，但並不需要拚到過勞死。而且，眞正幸福的人生是需要均衡安排的，規律的生活正是邁向健康人生的第一步。其次，就是均衡的飲食習慣和適量的運動。

民以食爲天，「吃」不只與身材環肥燕瘦息息相關，「吃」與我們的健康更可說是密不可分。所以，「吃什麼」造就了我們的健康。

現代人在都市叢林中討生活，經常爲了滿足口腹之慾，餐餐大魚大肉，而忽略了蔬菜水果的重要。我們的身體雖然很需要肉類的蛋白質，但是肉類中的飽和脂肪會使紅血球黏在一起，造成動脈阻塞，久而久之，就容易形成心血管疾病。而蔬菜水果和穀類，基本上就非常足以提供我們體內所需的蛋白質、碳水化合物、維他命、礦物質和必須的脂肪酸。而且，人體對於蔬果中的水分吸收比渴了才喝水更好、更有助於身體的新陳代謝。

除了多攝取水分之外，適量的運動對於促進新陳代謝也很有幫助。很多人誤以爲只要天天都有上廁所大小號，就算是新陳代謝機能正常。其實那樣並不夠，因爲體內很多毒素，是需要經過皮膚的汗腺才能排出體外的，因此，適量的運動讓身體流汗，是很重要的。

冰凍三尺非一日之寒，很多病痛都是積陋成習而成的，不好的生活習慣一天不改，健康就會慢慢的離我們遠去。

或許是容易得到的反而我們比較不會去珍惜，一旦等到失去後，才恍然大悟，原來很多東西是千呼萬使也喚不回的，健康就是其中之一。生命的存在本身就是件美好的事，如果可以不帶著病痛過每一分、每一秒，即便是沒有名利和權位，又何嘗不值得慶幸？

## 跋 最辛苦的服務，最快樂的福報！

事業成功，可能只代表「做事」成功，並不能完全代表「做人」成功！

你知不知道，有一種銀行叫「功德銀行」，它所發行的存摺叫「功德存款簿」，這種銀行沒有外形，只存在每個人心靈，而存款簿唯一不同的功能則是提存都不需要填單蓋章，完全只憑個人的心證。

我現在仍經營著三家公司，從草創時期到現在的穩定，我從來不認為世界上還有任何事業會比創業困難，直到當選市議員後，我的整個人生觀卻從此改變！

這幾年下來，我這才體會到「為民服務」眞的是最辛苦，但也是最快樂的事。

三更半夜被叫醒、上山下海、衝鋒陷陣，幾乎隨時都必需處於「備戰」的狀態；而這樣的緊繃神經，其實絕大多數都不是為了自己，而是為了別人。這就是原本自認為很簡單的「為民服務」，其實，卻也是最辛苦。

# 跋 最辛苦的服務，最快樂的福報！

說辛苦，那別人一定會說，那妳幹嘛選、幹嘛當呢？是啊，可是你知道嗎，當我透過汗水、淚水爲別人解決一些他們急迫切的問題時，你實在無法想像那種成就感、幸福感。我曾經被一個老阿嬤溫馨地抱著，她直拉著我坐在她的大腿上，嘴巴不停的誇：「妳怎麼這麼棒、這麼好！」；我也曾經被一群婆婆媽媽們，一個接一個的集體擁抱，還熱辣辣的親吻臉頰；我也曾經因半夜嚴拒一大疊的紅包，而把一個大男人的眼淚完全征服，他說：「你眞的不收嗎？你怎麼這麼好！」……這一切的一切，只因爲我面對的都是最直接的感動。

而這些悄悄存在功德存摺簿的存款，到底有多少了，其實也不用拿筆去記，心裡知道就好；而且，我知道它未來肯定會越來越厚、越來越多呢！

因爲這份感動必需延續，這份感動也必需延伸，而延續的標的「由人轉向狗」、延伸的目的則將由「爲民服務」擴大爲「爲地球服務」：收容四處無家可歸的流浪狗，建造一座大型的主題樂園、遊樂區，甚至觀光勝地，賣賣狗狗超卡哇伊的公仔，看看受訓練的狗狗表演，逛逛新奇新鮮的狗超市……於是，狗狗將不再是街頭的流浪者，也不再是我們心頭的痛。

人生起起伏伏，在當民意代表這段期間最大的領悟是爬得越高，必需越居安思危，只有能居安思危的人，才會多積功德，也只有多積功德、多累積一些福報，你的功德銀行的存摺才不會一下子被刷爆。

因此，做個築夢踏實的人，做個能謝謝好人也謝謝壞人的人，雖然很難，也很辛苦，但必定會很快樂！

國立中央圖書館出版品預行編目資料
謝謝好人，謝謝壞人！
微甜微辣微笑的人生妙錦囊／王齡嬌作－初版
台北市：晴易文坊,2006[民95]面：15×21公分
ISBN-13：978-986-82814-0-0 （平裝）
1.成功法
177.2 95021062

# 謝謝好人，謝謝壞人！
## 微甜微辣微笑的人生妙錦囊

作者 王齡嬌
企畫總監 徐巨豐（健麟）
總編輯 楊承業
主編 洪雅雯
美術主編 葉鴻鈞
文字整理 李佩芬、李惠如
校對 徐松華、徐玥絨、葉家銘
攝影 林宏銘、韓蘭蓉
發行所 晴易文坊媒體行銷有限公司
發行人 石育鐘
地址 台北市吉林路286號7樓
電話 02-2523-3728
傳真 02-2531-3970
網址 http://www.sunbook.com.tw
電子郵件 editor@sunbook.com.tw
郵匯帳號 19587854
戶名 晴易文坊媒體行銷有限公司

皇城廣告印刷事業股份有限公司
總經銷 紅螞蟻圖書有限公司
電話 02-2795-3656
進退貨地址 台北市內湖區舊宗路二段121巷32號4樓

出版日期 2006年11月5日
定價 250元